KB212088

정승석 지음

왕초보 법화경 박사 되다

민족사

왕초보 법화경 박사 되다

머리말

법화경은 어떤 경전일까? 이 궁금증을 풀어 주는 것이 이 책의 목적입니다.

그런데 왜 하필이면 법화경이 궁금할까요? 법화경에 관해 뭔가는 알고 있기 때문이겠지요. 예를 들면 법화경은 몇 손가락에 꼽히는 유명한 경전이라는 것, 또는 천태종이나 법화종처럼 법화경을 으뜸으로 신봉하는 종파가 있다는 것도 알고 있을 듯합니다.

그렇다면 혹시 법화경이 왜 그렇게 유명하게 되었는지도 알고 있을까요? 만약 알고 있다면 왕초보로 불리지도 않을 것이고, 굳이 이 책을 찾지도 않겠지요. 물론 법화경이 유명한 이유는 그 내용이 특별하기 때문입니다. 그래서 이 책은 우선 법화경의 전모를 한눈에 알아보도록 안내하는 길잡이 노릇을 하겠지만, 법화경의 특별한 내용을 소개하고 설명하는 데 주력하여 독자의 궁금증을 풀어 주고자 합니다.

불교의 많은 경전들 중에서 법화경은 문학적 구상과 표현이 가장 빼어난 걸작으로 알려져 있습니다. 이뿐만 아니라 그 내용은 대승불교에서 표방하는 신앙과 실천도를 아주 간명하고 유연하게 가르칩니다. 이 덕분에 법화경의 신자들은 그다지 어렵지 않게 부처님의 가르침을 이해하고 실행할 수 있습니다.

법화경에서 설법하는 부처님은 석가모니불입니다. 석가모니불은 이 세상에서 80년의 생애를 마치고 열반에 들었습니다. 그러나 열반에 들었다는 것은 육신이 사라졌다는 것일 뿐입니다. 석가모니불은 육신을 갖지 않고 항상 우리 곁에 함께 있으면서 무궁한 자비를 베푸는 영원한 부처님입니다. 이 부처님은 누구에게나 들어맞는 여러 가지 방편으로 중생을 진실의 세계로 인도합니다.

　이와 같이 방편과 진실의 조화를 가르치는 법화경에는 인간과 인간, 인간과 사회, 인간과 자연이 서로 포용하며 공생하는 길이 열려 있습니다. 법화경의 가치와 매력은 바로 여기에 있습니다.

2009년 9월

정승석

차례

【 일러두기 : 용어 풀이 】

이 책에서는 특수한 전문어를 가능한 대로 이해하기 쉬운 풀이말로 바꾸었습니다. 그러나 간결한 설명을 위해 전문어의 사용을 피할 수 없는 경우도 있습니다. 그래서 이 책에서는 종종 전문어와 풀이말을 번갈아 사용합니다. 아래에 이 같은 경우에 해당하는 전문어의 용도와 의미를 제시해 두었습니다. 이것들은 법화경을 이해하는 데 필수적인 용어입니다.

삼승(三乘) | 부처님의 가르침을 실천하고 해탈을 실현하는 세 가지 방도입니다. 보통은 아래에 열거한 것들 중 성문승과 연각승과 보살승을 한꺼번에 일컫는 말입니다. 그러나 이 중 보살승은 간혹 일승 또는 불승을 대신하는 말로 쓰이기도 합니다.

성문승(聲聞乘) | "스승의 가르침에만 의지하여 깨달음을 추구하는 것"입니다.

연각승(緣覺乘) | 벽지불승(辟支佛乘) 또는 독각승(獨覺乘)이라고도 합니다. "혼자 깨달아 그 깨달음에 안주하는 것"입니다.

보살승(菩薩乘) | 보통은 일승을 대신하는 말입니다. 그러나 일승이나 불승과 구분할 때는 "깨달음을 얻는 것보다 중생 구제에 더욱 애쓰는 것"을 가리킵니다.

일승(一乘) | 불승이라고도 합니다. "깨달음에 안주하지 않고 자비심으로 중생을 구제하는 것"입니다.

일불승(一佛乘) | 일승과 불승을 합한 말로, 일승이 곧 불승임을 일컫는 말입니다. 이 책에서 '일승 또는 불승'은 일불승과 같은 말입니다.

수기(授記) | 미래에 부처가 될 것이라고 예언으로 선포하는 것입니다.

1장

법화경과 법화 신앙

중국에서 번역된 법화경의 온전한 이름은 정법화경(正法華經) 또는 묘법연화경(妙法蓮華經)입니다. 정법화 또는 묘법연화는 '삿다르마 푼다리카'라는 범어를 번역한 말입니다. 푼다리카는 연꽃 중에서도 특히 하얀 연꽃, 즉 백련을 의미합니다. 삿다르마는 곧이곧대로 번역하면 '바른 법' 즉 정법이 됩니다. 여기서 법은 물론 부처님이 깨달아 가르친 바른 이치, 즉 진리를 가리킵니다. 그런데 이제부터 살펴볼 법화경의 내용을 보면, 그 법은 부처님이 중생을 구제하는 교묘하고 미묘한 진리입니다. 따라서 이 같은 맥락을 고려하여 삿다르마를 의역한 것이 묘법입니다. 결국 정법이든 묘법이든 '부처님의 가르침'을 가리키기는 마찬가지입니다.

법화경의 원래 제목에 있는 '연꽃'은 쉽게 이해할 수 있듯이 정법 또는 묘법을 비유한 것입니다. 그렇다면 법화경이라는 제목에는 '연꽃처럼 바르고 미묘한 진리를 가르치는 부처님의 말씀'이라는 뜻이 담겨 있다고 이해할 수 있습니다.

모두가 잘 알고 있듯이 연꽃은 불교를 상징하는 꽃입니다. 연꽃은 그 자태가 아름다울 뿐만 아니라, 흙탕물 속에서 자라면서도 그 물로 더럽혀지지 않고 청정한 상태를 유지합니다. 예부터 인도에서는 연꽃의 이러한 특성을 순수함과 청정함의 상징으로 생각해 왔습니다. 그런데 우리가 연꽃 하면 곧장 불교를 떠올리게 된 데에는 무엇보다도 법화경의 공로가 크다고 말할 수 있습니다. 연꽃을 제목에 사용한 경전이 많이 있기는 하지만, 그 중에서는 법화경이 가장 유명하기 때문입니다.

한편 보살을 가장 이상적인 인간형으로 제시하는 대승불교에서 연꽃은 바로 이 보살을 비유합니다. 예를 들어《마하연보엄경》이라는 경전에는 다음과 같은 법문이 있습니다.

"비유하자면 연꽃이 자라서 흙탕물에 있으면서도 그 물에 물들지 않는 것과 같다. 이와 같이 보살도 태어나서 세간에 있으면서 세상일에 물들지 않는다."

법화경에도 바로 이와 같이 세상일에 물들지 않고 부처님의 가르침을 실천하는 보살들을 연꽃에 비유하는 법문이 있습니다. 결국 법화경이라는 제목에는 보살의 정신과 행동으로 부처님의 가르침을 실천하여 중생을 구제한다는 취지가 담겨 있습니다.

1. 법화경 유포의 저력

옛날에는 인도로부터 실크로드를 따라 중국으로 들어가는 첫째 관문이 옥문관(玉門關)이었습니다. 그 당시로 보면 옥문관은 중국의 서쪽 끝인 셈입니다. 그래서 중국 사람들은 옥문관 너머 서쪽으로 펼쳐진 광활한 지역을 서역으로 불렀습니다. 이 지역은 현재 중앙아시아에 편입됩니다. 서역 땅의 대부분은 타클라마칸사막으로 불리는 불모지입니다. 그러나 사막의 위아래에는 드문드문 오아시스가 있어,

이 오아시스들을 거쳐 중국으로 들어가는 통로가 형성되어 있었습니다. 사람들은 이 통로를 실크로드, 즉 비단길이라고 불렀습니다.

옥문관을 통과하여 중국 땅으로 조금만 더 들어서면, 막고굴 또는 천불동으로 유명한 돈황에 이르게 됩니다. 지금으로부터 약 100년 전에 이곳에서 돈황 사본으로 불리는 많은 고문서들이 발견되었습니다. 신라 출신의 스님으로 밝혀진 혜초의 《왕오천축국전》도 그 사본들 속에서 발견되었습니다. 유럽의 탐험가나 고고학자들은 이전부터 고대 유적을 탐사하고 유물을 수집하기 위해 서역으로 몰려들기 시작했습니다. 그러다가 돈황 사본이 발견된 이후로는 유럽의 탐사대뿐만 아니라 일본의 탐사대까지 더욱 경쟁적으로 서역 일대를 헤집고 다니면서 유물들을 수집해 갔습니다.

이 같은 서역 탐사로 재차 확인된 것은 실크로드의 주변이 불교문화의 보고였다는 사실입니다. 그리고 인도에서는 사라진 불교 원전의 사본들이 긴 암흑에 갇혀 있다가 빛을 보게 되었습니다. 거기서 발견된 사본들 중에는 물론 법화경도 있었습니다. 더욱이 하나의 원전에 대한 여러 종류의 사본이 온존하게 발견되기로는 법화경이 단연 으뜸입니다.

이로써 알 수 있는 것은 일찍이 법화경이 인도 밖으로 가장 널리 유포되었다는 사실입니다.

서역 일대의 불교 고문서들이 탐사대들에 의해 다시 빛을 보게 되기까지는 수백 년, 또는 천여 년 이상의 세월이 흘렀습니다. 탐사대들이 찾아다녔던 그 험난한 길목들을 옛적에는 숱한 사람들이 왕래하면서 말과 글로 불교를 실어 날랐을 것입니다. 근대의 탐험가들은 새로운 첨단의 장비로 철저히 준비하고 떠났어도 많은 고초를 겪었습니다. 그렇다면 과거의 사람들은 이들보다 훨씬 더 심한 고초를 겪어야 했을 것입니다.

예를 들어 인도 북서쪽의 카슈미르 일대는 지금도 그렇지만 예부터 험난하기로 유명했습니다. 서기 400년 무렵에 이곳을 통과한 법현(法顯) 스님은 그 상황을 기록으로 남겼습니다. 이에 의하면 여행자들은 도중에 절벽에서 떨어지거나 계곡의 강물에 빠지거나 도적의 습격을 당하기도 했습니다. 그래서 카슈미르까지 무사히 도착한 사람은 대체로 일행의 삼분의 일에서 오분의 일에 불과했다고 합니다.

옛적에는 다행히 이 같은 험로를 통과하면 실크로드의 곳곳에 자리잡은 왕국들에 도착할 수 있었습니다. 한때 그러한 왕국들에서 불교가 번성했던 것은 위험을 무릅쓰고 험로를 통과했던 스님들이나 상인들 덕분이었습니다. 그러나 험난한 통로에 건설되었던 그 왕국들이 거친 모래바람에 매몰되어 눈앞에 사라진 지는 오래되었습니다. 법화경을 포함한 불전의 사본들도 그렇게 사장되어 있었습니다. 그런데 나중에 서역 일대에서 발견된 법화경의 사본은 일곱 종류입니다. 히말라야 산맥의 남쪽과 북서쪽에 각기 위치한 네팔과 카슈미르에서 발견된 사본까지 포함하면, 법화경의 사본은 20여 본이나 됩니다.

여기서 한 가지 궁금증이 꼬리를 물고 일어납니다. 많은 불전들 중에서 왜 유독 법화경이 그렇게 널리 유포되었을까요? 여행자들이 법화경을 품에 안고 험난한 오지를 헤쳐나갈 수 있었던 힘의 원천은 무엇이었을까요? 물론 그들이 《서유기》의 손오공처럼 신출귀몰한 안내자나 보호자를 대동했을 리도 없습니다. 그렇다면 그들이 믿고 의지할 수 있는 것은 여행 도중 내내 소중히 보관한 법화경밖에 없지 않았을까요? 특히 법화경의 무엇이 그들에게 용기와 인내를 심어 주었을까요?

그들이 믿고 의지한 것은 확실히 법화경이었다면, 우리

는 그 궁금증의 해답을 법화경의 관세음보살보문품에서 찾을 수 있습니다. 왜냐하면 관세음보살보문품에서 권장하고 있는 것은 아래와 같은 법문으로 역설하는 믿음이기 때문입니다. 이 법문의 전체 내용은 나중에 소개할 것입니다.

정기를 빼앗는 야차, 용, 아수라, 요괴, 악귀에 둘러싸이더라도, 관세음을 떠올려 생각하면, 그것들은 털끝 하나도 해치지 못할 것이니라.

날카로운 이빨과 발톱을 가진 무시무시한 맹수에 둘러싸이더라도, 관세음을 떠올려 생각하면, 그것들은 곧바로 사방팔방으로 도주할 것이니라.

화염을 내뿜어 보기에도 끔찍하고 눈빛만으로도 독살해 버리는 뱀 따위에 둘러싸이더라도, 관세음을 떠올려 생각하면, 그것들의 독은 곧바로 사라질 것이니라.

구름 속에서 우레와 함께 비를 내리쏟고 맹렬한 벼락이 섬광과 함께 내리치더라도, 관세음을 떠올려 생각하면, 그 찰나에 곧바로 잠잠해질 것이니라.

위의 법문에서 권장한 것은 관세음보살을 떠올려 마음

을 다스리는 염불입니다. 염불을 효과적으로 실행하는 방법은 말로 표현하는 것입니다. 즉 부처님이나 보살의 이름을 부르는 것이 염불의 방법입니다. 위의 법문에 따른 염불은 '나무 관세음보살'이라고 읊는 것입니다. 그러므로 여기서 역설하는 것은 '나무 관세음보살'이라고 열심히 읊는 것으로 모든 위험과 재앙으로부터 벗어날 수 있다는 염불의 위력입니다.

과거에 서역의 험로를 통과해야만 했던 사람들에게는 그러한 위력이 절실히 필요했을 것입니다. 더욱이 법화경을 지니고 있는 것은 그 자체로 그들에게 큰 힘이 되었을 것입니다. 왜냐하면 법화경에서 온갖 큰 공덕을 얻을 수 있는 첫째 조건으로 열거하는 것은 법화경의 법문을 잘 간직하는 것이기 때문입니다. 법화경에서는 더 나아가 온갖 위험에 대처할 수 있는 능력이 법화경을 받들어 지니는 데서부터 나온다고 천명하고 있습니다. 그러니 만큼 서역의 험로를 통과하려고 하는 사람들이 의지할 것으로는 법화경만한 것이 없었겠지요. 그렇다면 서역 일대에 법화경을 널리 유포시킬 수 있었던 저력은 법화경 자체에 깃들어 있다고 생각할 수밖에 없습니다. 법화경의 법문이 바로 그 저력입니다.

2. 법화 신앙의 두 갈래

【 법화회 】

법화 신앙이란 법화경의 가르침을 믿고 따르는 것입니다.

과거 우리나라의 장수로 나라 밖까지 명성을 떨친 인물 중에 가장 유명한 한 분을 꼽는다면 신라의 장보고를 들 수 있습니다. 장보고는 그 당시 중국과 한국과 일본을 잇는 바닷길에 출몰하는 해적을 소탕하여 해상무역을 보호했기에 더욱 유명합니다. 그리고 그는 중국의 산동반도에 있는 문등현의 적산촌에 법화원이라는 절을 세워, 중국에 거주하는 신라인들을 보호하였습니다. 이 법화원의 도움을 받은 외국인으로는 일본 스님도 있었습니다.

원인(圓仁, 일본어로는 엔닌)이라는 스님은 당나라 유학 중 법화원에 머문 적이 있었습니다. 그는 여기서 겨울에 개최하는 법화회를 목격하였습니다. 법화회는 법화경을 강의하는 법회입니다. 그러므로 법화회는 법화경의 가르침을 으뜸으로 신봉하는 법화 신앙의 하나입니다.

원인 스님의 기록에 의하면 법화원의 법화회는 음력 11

월 16일부터 이듬해 1월 15일까지 2개월 동안 계속되었습니다. 참석 인원은 약 250명이었고, 저녁 예불이 끝나면 곧바로 법화경 강의가 다음과 같이 진행되었습니다.

시작을 알리는 종을 치면 대중이 강연장으로 들어옵니다. 강사가 단상으로 올라가 자리에 앉을 때까지 대중은 부처님의 명호를 읊습니다. 한 스님이 한 행의 시를 송창하면 대중도 따라서 송창합니다. 송창이 끝나면 강사는 경전의 제목을 읊고 해설합니다. 이어서 법회를 총괄하는 스님이 나와, 이 법회를 개설한 의의를 설명하고 이 법회를 위해 누가 무엇을 보시했는지 대중에게 알립니다. 그리고 강사는 보시한 사람들의 이름을 낱낱이 들어 가며 축원해 줍니다.

이 다음에 본격적인 강의가 시작되는데, 먼저 강사가 대중의 질문을 듣고 답하는 논의를 실시합니다. 논의가 끝나면 법화경의 문구에 따라 강의를 진행합니다. 강의를 마치면 대중은 모두 강의를 찬탄하고 나서 회향게를 읊습니다. 단상에서 내려온 강사에게 한 스님이 삼배로 감사와 경의를 표시하면 그 날의 강의가 끝납니다. 이튿날에는 한 사람의 보조 강사가 어제 강의했던 문구를 독송합니다. 그 중에서 중요한 대목은 강사가 다시 읊고서 그 뜻을 해설합니다.

이상과 같이 중국 땅에서도 신라 사람들이 법화경을 신봉하고 있었다면, 우리나라의 신라 땅에서는 법화 신앙이 크게 성행하고 있었을 것입니다. 그리고 원인 스님이 목격한 법화회는 매우 세련된 법화 신앙의 한 갈래임을 알 수 있습니다. 법화경 강의로 불릴 만한 이 법화회에 참석한 사람들은 지적인 수준이 높든가 지성적인 분위기에 젖어 있었을 것입니다. 이러한 분위기는 법화 신앙의 교학적 전통을 잘 드러냅니다. 법화 신앙의 교학적 전통이란 법화경의 가르침을 바르게 이해하고 널리 알리기 위해 법화경을 열심히 공부하고 해설해 온 것을 가리킵니다.

〖 법화영험전 〗

그러나 또 한편으로 대부분의 많은 신자들은 법화회와는 사뭇 다른 분위기로 법화경을 신봉해 왔습니다. 이 경우, 법화경은 온갖 난관과 역경을 극복해 주는 구원자요 의지처로 신봉되었습니다. 왜냐하면 법화경의 부처님이나 보살은 어려움이나 위험에 빠진 신자의 기원에 감응하여 그 신자를 구출해 준다고 알려져 있기 때문입니다. 이로부터 법화경은 영검이 대단한 경전으로 유명하게 되었습니다.

그리고 법화경의 영검으로 곤경에서 벗어났다고 믿은 어떤 신자들은 그런 경험을 다른 사람들에게 이야기했습니다. 이런 이야기들을 모은 책이 법화영험전입니다.

법화영험전은 중국을 비롯하여 한국과 일본에서도 작성되어 유포되었습니다. 여기에 담긴 많은 이야기들은 법화 신앙이 일종의 기복 신앙으로 민중에게 성행했다는 사실을 드러냅니다. 이야기는 많고 다양하지만 그 요지는 간단합니다. 즉 법화경을 믿고 따르면 곤경에 처할 때마다 구제받을 수 있다는 것입니다. 이러한 신앙의 실태는 이 책의 맨 뒤에서 상세히 소개할 것입니다. 여기서는 우선 우리나라의 법화영험전에 나오는 이야기들 중 하나를 예로 들어 보겠습니다.

신라 때 경주의 우금방에 사는 보개라는 여인에게 장춘 이라는 아들이 있었습니다. 아들이 장삿배를 따라 바다로 나갔으나 돌아올 때가 되었는데도 소식이 없자, 어머니는 크게 걱정하게 되었습니다. 어머니는 관세음보살에게 호소하면 환난에서 벗어날 것이라는 말을 듣고서, 민장사의 관세음보살상 앞에서 정성껏 관세음보살을 부르면서 아들의 안전을 기원했습니다. 기원한 지 이레째 되는 날, 장춘이 그 자리에 홀연히 나타나므로 어머니는 아들을 얼싸안고 기뻐했습니다. 이를 괴이하게 여긴 민장사의 스님이 그 연유를 묻자, 장춘은 그간의 사정을 이렇게 말했습니다.

"바다에서 갑자기 폭풍을 만나 함께 있던 사람들은 모두 죽고, 저만 홀로 널빤지를 타고 표류하다 오나라에 도착했습니다. 그 나라 사람들은 저를 종으로 부렸습니다. 어느 날 밭을 갈고 있을 때, 한 스님이 제게 와서 고향이 생각나지 않느냐고 물었습니다. 제가 어머님을 보고 싶은 마음이 간절하다고 말했더니, 그 스님은 자기를 따라 오라고 하며 동쪽으로 갔습니다. 스님을 따라 어떤 곳에 도착했는데, 거기에 있는 수좌 스님이 제 손을 잡아 이끌었습니다. 그때 제 정신은 몽롱해지고 마치 꿈속에 있는 듯했는데, 갑자기 우리나라의 말소리가 들리더니 제가 이 민장사의 관음상 앞에 와 있었습니다."

경덕왕은 이 소문을 듣고 깊이 공경하여 전답과 곡식을 후하게 보내 공양하였으며, 매달 8일에 정기적으로 민장사에 행차하여 부처님을 예찬했습니다. 보개와 장춘 모자는 인근의 신자들과 함께 금자(金字) 법화경 한 질을 만들어 관세음보살을 예배하고 그 은혜에 보답하고자 정진하였습니다.

이 이야기의 주제는 '홀연히 아들을 데려온 관세음보살'이 될 것입니다. 이 같은 이야기는 흔히 관음 신앙으로 불립니다. 그런데 이것도 법화경의 일부인 관세음보살보문품에서 유래합니다.

이상과 같이 법화 신앙에는 크게 두 갈래가 있습니다. 하나는 먼저 소개한 법화회와 같은 것이고, 다른 하나는 법화영험전의 이야기와 같은 것입니다. 나중에 소개하겠지만, 법화경의 법문도 그러한 두 갈래로 이루어져 있습니다.

3. 법화 신앙의 창도자

〖 **중국의 천태** 〗

중국, 한국, 일본에서 법화 신앙이 하나의 종파로 정착하게 된 것은 법화경의 법문을 연구하고 실천하는 데 전념했던 훌륭한 스님들 덕분입니다. 중국, 한국, 일본에는 각각 법화 신앙의 창도자로 불리는 스님들이 있지만, 그 중에서도 동북아시아의 법화 신앙을 대표하는 가장 위대한 스님은 중국의 천태대사입니다. 법화경으로 불교를 신앙하는 대표 종파인 천태종(天台宗)의 유래도 이 스님으로 거슬러 올라갑니다.

천태대사의 본래 법호는 지의(智顗)입니다. 지의 스님이 마음의 고향으로 삼아 즐겨 은둔한 곳은 천태산이었고, 그가 60세(538~597년)로 생애를 마친 곳도 천태산이었습니다. 이 때문에 사람들은 그를 천태대사로 불렀고, 그의 법화경 연구에서 유래한 종파도 천태종으로 불리게 되었습니다. 지의 스님의 많은 저서들 중에서 가장 유명한 것은《법화현의(法華玄義)》《법화문구(法華文句)》《마하지관(摩訶止觀)》입니다. 이것들은 나중에 천태학으로 불리는 법화경 연구의 토대가 되었습니다. 그래서 이 셋은 특별히 '천태 3대부'로 불리면서 법화경을 공부하는 교본으로 간주되었습니다.

중국의 역사에서 천태대사는 왕으로부터 호(號)를 받은 최초의 스님으로도 유명합니다. 중국의 수양제, 즉 수나라의 양제(煬帝)는 우리에게 매우 낯익은 이름입니다. 왜냐하면 그는 100만 대군을 이끌고도 고구려의 을지문덕 장군에게 참패를 당하여, 우리에게는 영광을 안겨 주고 중국인에게는 오명을 남겼기 때문입니다.

황제가 되기 이전 양제의 신분은 진왕(晉王)이었고, 이름은 광(廣)이었습니다. 수나라가 중국을 통일하자, 지의 스님이 활동하고 있는 강남 지역은 수나라 조정에 반기를 들고 있었습니다. 이때 진왕 광은 이 지역을 통치하는 총관으로 부임하였습니다. 진왕이 민심을 수습하기 위해 제일 먼저 시도한 것은 강남 지역에서 존경받는 지의 스님과 만나는 일이었습니다. 그러나 지의 스님은 진왕의 초대를 곧장 수락하지 않고, 네 차례의 간청 끝에 진왕과 만나게 됩니다. 여기서 진왕 광은 지의 스님으로부터 총지(總持)라는 법명으로 보살계를 받았고, 지의 스님에게는 지자(智者)라는 호를 봉헌했습니다. 지의 스님이 지자대사로도 불리게 된 것은 여기서 유래합니다.

지의 스님이 수나라 황실과의 접촉을 달갑게 여기지 않은 데에는 그럴 만한 이유가 있었습니다. 중국의 역사에서 지의 스님이 생존했던 시기는 남북조시대와 수나라 초기에 걸쳐 국가의 흥망과 혁명이 거듭되었던 난세였습니다. 또한 불교 박해도 있었습니다. 이 시기에 지의 스님은 고국인 양나라가 진나라로 교체되고, 진나라가 다시 수나라로 통일되는 전란을 목격했습니다. 더욱이 그는 이런 소용돌이에서 부모를 잃은 전란의 피해자이기도 했습니다.

지의가 태어난 시기에 양나라 무제(武帝)는 불교를 숭상하고 있었습니다. 지의의 부친은 무제의 아들인 상동왕(湘東王)의 보좌관이었습니다. 무제가 반란으로 사망하자, 상동왕은 반란을 진압하고 황제로 즉위하여 원제(元帝)가 되었고, 지의의 부친은 원제의 공신으로 벼슬을 받았습니다. 그러나 이로부터 2년 후 원제는 전쟁에서 패배하여 살해되고, 지의의 부모님도 살해되었습니다. 이에 지의는 상복을 벗자마자 출가하였는데, 이때 나이가 18세였습니다. 지의 스님은 32세에 법화경을 강설하면서부터 세상에 널리 알려지기 시작했습니다. 이후 스님은 천태산으로 들어가 조정의 도움을 받아 수선사(修禪寺)를 창건했습니다.

전란과 박해의 난세를 살았던 지의 스님이 법화경 공부에 주력했던 것은 평화와 평온의 길을 법화경에서 찾았기 때문일 것입니다. 지의 스님은 입적하기 전에 진왕 광에게 유서를 남겼는데, 그 내용에서 법화경의 대가였던 스님의 실천 정신을 엿볼 수 있습니다. 예를 들면 유서에는 다음과 같은 대목이 있습니다.

"이제까지 떠돌며 살아 온 것은 모두 불법(佛法)과 국토와 중생을 위함이었습니다."

"명이 다한 후 만약 신력이 있다면, 왕과 영토를 보호할 것을 서원합니다."

"왕이 국법과 불법으로 죄인을 다스리고 무죄인을 공경하여 불가사의한 평등심을 일으키면, 그 공덕은 무량할 것입니다."

"나라는 군왕의 나라요 백성은 군왕의 백성이므로 자비로운 마음으로 백성을 다스리면, 가축도 은혜를 아는 터에 사람들이 자비로운 위정자의 은혜를 잊을 리가 있겠습니까."

위와 같은 대목에는 국가의 발전과 민중의 안녕을 도모하는 호국의식과 중생 구제의 염원이 잘 나타나 있습니다. 이것은 지의 스님이 이해한 법화경의 실천 정신일 것입니다. 진왕 광은 이 유서에 대해 낱낱이 답변하는 글을 올려,

입적한 스님에게 최선의 경의를 표했습니다. 그러나 그는 결국 스님의 유서에 부응하지 못하고, 백성에게 떠넘긴 과중한 부담과 전란을 외면한 사치 생활로 신하에게 살해당하고 말았습니다.

지의 스님과 같은 실천 정신은 우리나라와 일본에서 법화 신앙을 창도한 스님들에게 계승되었습니다. 고려의 의천과 일본의 일련이 그분들입니다. 대각국사 의천은 국가의 이익과 민생의 복리를 위해 화폐를 주조해야 한다는 주전론을 주창했습니다. 고려시대에 주전도감이 설치되어 화폐 경제가 활성화된 것은 의천 스님 덕분입니다. 한편 일본에서 일련 스님은 법화경의 가르침으로 위정자의 의식을 바꾸고 국가를 개혁해야 한다고 주창하는 책을 저술하여, 법화 신앙의 면모를 일신했습니다.

〖 **고려의 의천** 〗

의천(義天)은 고려시대 문종의 넷째 아들입니다. 어릴 때 스스로 출가하여 13세에 당시 종단의 최고직인 승통이 되었습니다. 의천은 일찍이 중국 유학을 시도했지만, 그 시도는 나라 안팎의 정황이 불안한 탓으로 번번이 좌절되었습니다. 그러다가 나이 31세가 되어 왕명을 어기고 몰래 송나라로 떠나 유학의 꿈을 실현하였습니다.

의천 스님은 중국에서 불교를 견학하면서 고려에 법화경을 신봉하는 천태종을 개창하기로 결심했습니다. 그는 귀국한 후 국청사라는 절을 창건하고, 여기서 '천태 3대부'를 강의하기 시작했습니다. 중국에서 국청사라는 절은 천태종의 본산이었던 만큼, 고려에도 국청사를 창건한 것은 스님의 염원을 실현한 것이라고 말할 수 있습니다.

고려시대에는 의천 이전에도 법화경의 대가로 유명한 스님들이 있었습니다. 그 분들 중에서는 제관(諦觀)이 잘 알려져 있습니다. 제관 스님은 고려의 법화경 연구를 대표하는 학자로서 중국에 파견되어, 거기서 《천태사교의(天台四教儀)》라는 명저를 남기고 입적했습니다. 이 책은 법화경이 모든 경전 중에서도 으뜸이라는 천태대사의 평가를 선명하게 뒷받침한 것으로 유명합니다. 의천 이전의 고려에는 제관 스님 못지 않은 법화경의 대가들이 있었습니다. 이들 중에는 제관 스님처럼 중국에서 활동하면서 명성을 떨친 스님도 있고, 고려에 귀국하여 특출한 제자를 배출한 스님도 있습니다. 이처럼 당시 고려에는 이미 법화경을 공부하거나 신앙하는 분위기가 형성되어 있었습니다. 의천이 천태종을 개창할 수 있었던 배경도 여기서 찾을 수 있습니다.

의천 스님은 고려의 왕자였던 만큼, 송나라 철종의 극진한 배려로 중국의 여러 곳을 둘러볼 수 있었습니다. 그런데 스님이 중국에 머문 기간은 1년 2개월 정도였습니다. 이 동안 그는 화엄종, 천태종, 선종, 율종 등을 공부하다가 고려의 사신과 함께 귀국했다고 합니다. 그러므로 의천은 고려에서 이미 법화경에 대한 전문적인 지식을 습득하고 나서, 견문을 더욱 넓히고자 중국을 다녀온 것이라고 짐작할 수 있습니다.

그렇다면 우리나라 토종의 학승으로서 의천은 법화경의 핵심을 어떻게 파악하고 있었을까요? 이 의문의 답은 그가 신라의 원효(元曉) 스님을 가장 존경한 데서 찾을 수 있습니다. 의천은 우리나라에 수백 년 동안 여러 종파가 경쟁하며 퍼졌으나 천태 일가만이 전통을 잇지 못한다고 지적하면서, "옛날에는 원효 보살, 나중에는 제관 법사가 법을 드날렸다"라고 말한 적이 있습니다. 이로 보아 그는 원효 스님을 우리나라 천태학의 원조로 간주했음이 분명합니다.

보살로 불릴 만큼 부처님의 가르침에 충실했던 원효 스

님이 중시한 것은 화쟁(和諍)의 정신입니다. 부처님의 가르침을 실천하는 데는 여러 가지 생각과 주장이 있을 수 있습니다. 그런데 불교의 목적은 사회의 평화와 마음의 평온을 실현하는 것이므로, 이를 위해서는 여러 가지 생각이나 주장이 함께 어울려 조화를 이루고 서로 소통해야 합니다. 원효 스님이 주창한 화쟁은 이와 같은 조화와 소통을 의미합니다. 화쟁의 목적은 결국 부처님의 입장으로 되돌아가서 중생 구제, 즉 평화와 평온을 실현하는 것입니다.

법화경에는 화쟁의 정신과 딱 들어맞는 법문이 있습니다. 나중에 상세하게 소개하겠지만, 이 법문을 일컬어 회삼귀일(會三歸一)이라고 합니다. 회삼귀일을 곧이곧대로 풀이하면 셋이 모여 하나로 돌아간다는 의미가 됩니다. 우선 쉽게 이해하자면, 여기서 셋은 이상을 실현하는 여러 가지 방도를 가리키고, 하나는 부처님의 세계를 가리킵니다. 결국 회삼귀일에 담겨 있는 뜻은, 온갖 주장과 입장이 서로 다투지 않고 조화를 이룰 때 그것들은 부처님의 세계로 통하게 된다는 것입니다. 원효 스님은 법화경에도 해박했으므로, 그가 주창했던 화쟁의 연원도 법화경에 있었을 것입니다.

화쟁과 회삼귀일의 정신이 추구하는 바람직한 현실은

조화와 융합입니다. 의천 스님은 바로 이것을 법화경의 가르침으로 실현하고자 했습니다. 이 때문에 의천 스님이 개창한 고려의 천태종에서는 경전 공부와 참선 수행의 일치를 주장했습니다. 경전 공부에 주력하는 종파를 교종, 참선 수행에 주력하는 종파를 선종이라고 합니다. 의천 스님은 당시 불교계의 상황이었던 교종과 선종의 대립, 그리고 어느 한쪽에 치우친 병폐를 천태종으로 해소할 수 있을 것으로 기대했던 것입니다.

〖 **일본의 일련** 〗

혹시 '남묘호렌게교'라는 말을 들어 본 적이 있지 않나요? 아마 연세가 지긋한 할머니나 할아버지라면 그 말이 전혀 낯설지는 않을 듯합니다. 남묘호렌게교는 이상한 종교의 이름이 아닙니다. 이 말은 '나무 묘법연화경'을 일본어로 발음한 것입니다. 묘법연화경은 법화경의 본딧말이고, '나무'는 귀의한다는 뜻입니다. 그러므로 '남묘호렌게교'는 자신의 모든 것을 오로지 법화경에 맡긴다는 의미이지만, 사실은 법화경의 이름을 부르는 것으로 염불하는 것입니다.

앞에서 소개했듯이 관세음보살을 염불하는 것으로도 큰 힘을 얻을 수 있다면, 이러한 염불을 가르친 법화경 자체를 염불의 대상으로 삼는다면 더 큰 힘을 얻을 수 있지 않을까요. 이렇게 믿는 것도 법화 신앙의 하나입니다. 그리고 이 같은 신앙은 일본에서 일련(日蓮, 일본어로는 니치렌)이라는 스님의 창도로 유행하게 되었습니다. 이 때문에 일련이 창도한 법화 신앙을 일련종이라고 부릅니다.

일련은 고려의 의천보다 약 150여 년 후대인 13세기에 활동했던 스님입니다. 일본에서는 일련보다 훨씬 이전인 9세기 초에 최징(最澄, 일본어로는 사이초) 스님에 의해 중국의 천태종이 도입되어 있었습니다. 최징은 일본 최초로 대사(大師)라는 존칭을 받았습니다. 이런 사실로 보아 천태종의 기반인 법화경은 일본에서도 진즉부터 중시되고 신봉되었음을 알 수 있습니다.

그런데 일본 천태종의 개창자인 최징은 법화 신앙만을 고수하지는 않았습니다. 그는 정통 천태종에 참선 수행, 범망경의 대승 계율, 밀교의 진언을 도입했습니다. 최징의 뒤를 이은 후대 스님들은 그 중에서도 진언을 가장 중시하다가 권력과 재력에 영합하는 타락의 길로 빠지기도 했습니다. 이런 분위기에서는 일종의 종교개혁과 같은 새로운 변화가 요구되었습니다. 이때 일본 불교의 개혁가인 동시에 새로운 법화 신앙의 창도자로 등장한 스님이 바로 일련입니다.

가난한 어부의 아들로 태어난 일련은 파란만장한 일생을 살았습니다. 그는 몽고족의 침입을 예언했고, 다른 종파와 정부를 공격하여 두 차례 유배되었으며, 사형을 받기 직전에 사면되어 기적처럼 살아나기도 했습니다.

법화경의 가르침을 현실 사회에 적용하고자 노력했던 그의 실천 정신은 《입정안국론(立正安國論)》이라는 그의 명저에 잘 나타나 있습니다. 손님과 주인의 대화 형식으로 구성된 이 책에서, 손님은 속인(위정자)을 가리키고 주인은 스님을 가리킵니다. 손님은 국가의 안녕이 불교의 정법보다 중요하다고 주장하는 데 반해, 주인은 정법이 확립되어야 저절로 국가의 안녕이 성취된다고 주장합니다. 대화가 진행되면서 손님은 결국 주인의 뜻에 승복하게 됩니다. 여기서 주인이 중시하는 정법은 더 말할 것도 없이 법화경입니다. 일련이 이 책에서 피력했던 주장의 의도를 다음과 같이 구성할 수 있습니다.

지금 유행하고 있는 각종의 독송, 기도, 제사, 정책 따위로는 민중을 구제하기 어렵다.

민중을 제대로 구제하려면 국가와 사회와 위정자를 규제해야 한다.

이를 위해서는 무엇보다도 먼저 각종의 경전과 종파를 하나로 통합하여 통일해야 한다.

통합과 통일에 가장 적합한 것은 법화경이다.

왜냐하면 법화경의 가르침은 모든 것을 포용하는 진리이기 때문이다.

이처럼 일련은 법화경의 가르침으로 현실의 온갖 문제를 타개할 수 있다고 확신했습니다. 그러나 그는 법화경의 법문을 모두 공부하거나 독송하는 것이 속인들에게는 너무 어려운 일이라고 생각했습니다. 그래서 그가 고안한 쉬운 방법은 '묘법연화경'이라는 제목을 소리 내어 읊는 것이었습니다. 그는 이것만으로도 법화경의 가르침이 몸에 배어 신앙의 공덕을 쌓을 수 있다고 믿었던 것입니다. 여기서 그는 국가와 사회를 위해서는 모든 사람들이 '나무 묘법연화경'이라고 읊는 수행을 실천해야 한다고 주장했습니다. 그는 더 나아가 이와 같은 법화 신앙을 통해 법화경의 가르침이 세계 전역으로 전파될 것이라고 확신했습니다. 그는 법화경의 세계화를 염원했던 것입니다.

후대의 일이지만, 일련 스님의 염원을 실현하는 데 앞장서게 된 법화 신앙의 일파가 창가학회입니다. 창가학회는 1930년에 창가교육학회라는 교사들의 단체로서 출범했다가 이내 일련종 계통의 신도 조직이 되었습니다. 창가(創價)라는 말은 가치를 창조한다는 뜻입니다. 여기서 말하는 가치는 특히 생명의 가치입니다. 그리고 생명의 가치를 창조한다는 이 관념은 더 나아가면 법화경에서 유래합니다.

법화경에서는 부처가 영원한 생명이라고 가르칩니다. 창가학회에서는 이 법문을 "부처란 다른 곳에 있는 것이 아니라 자신의 생명 그 자체이며 우주 그 자체이기도 하다"라는 뜻으로 이해합니다. 한편 일련 스님은 "자신의 안온을 원한다면 우선 주위의 평화를 기원해야만 한다"라고 설파한 적이 있습니다. 이에 따라 창가학회는 생명의 존엄성을 확립한다는 것을 근본 이념으로 표방하고, 평화 운동을 그 이념의 실천 방법으로 채택했습니다.

오늘날 창가학회는 100개가 훨씬 넘는 국가에 지부를 설치하여 운영하고 있습니다. 이는 일차적으로 세계 도처에 일본인이 침투한 결과이긴 합니다. 그러나 또 한편으로 창가학회의 기반이 법화 신앙이라는 사실을 고려하면, 그것은 결국 법화경의 위력을 과시하는 것이기도 합니다.

2장

법화경의 성립과 구성

1. 법화경 성립의 수수께끼

이 책에서 말하는 법화경은 구마라집이 서기 406년에 번역한 묘법연화경을 가리킵니다. 불교인들을 포함한 일반 독자들이 애독하거나 알고 있는 법화경도 거의 대부분은 바로 이것입니다. 그러나 중국에서 번역된 법화경은 이것 외에 두 종류가 더 있습니다. 하나는 구마라집보다 훨씬 이전인 서기 286년에 축법호가 최초로 번역한 정법화경입니다. 다른 하나는 훨씬 나중인 서기 601년에 사나굴다와 달마굽다가 번역한 첨품(添品)묘법연화경입니다. 기록에 의하면 이 밖에도 3종의 번역이 더 있었다고 하지만, 현재 완역의 형태로 남아 있는 것은 이상의 세 가지입니다.

그런데 정법화경과 첨품묘법연화경은 27품으로 구성되어 있는 반면, 가장 잘 알려진 묘법연화경은 28품으로 구성되어 있습니다. 묘법연화경에는 다른 두 법화경에는 없는 제바달다품이 제12품으로 삽입되어 있는 것입니다. 더욱이 세 법화경 사이에는 내용의 순서에도 약간의 차이가 있습니다. 그렇다면 우리는 그것들의 원본이 똑같지는 않았을 것이라고 짐작할 수 있겠지요. 실제로 가장 나중에 번역된 첨품묘법연화경의 서문에서는 정법화경과 묘법연화경의 원본은 서로 다르다고 지적하고 있습니다.

여기에 무슨 사정이 있었던 것일까요? 이것이 법화경의 성립에 관한 수수께끼입니다. 이 수수께끼를 더 파고들면 누가, 언제, 어디서, 어떻게 법화경을 작성했을까 하는 의문이 꼬리를 물고 일어납니다. 하지만 누구라도 그 내막을 낱낱이 정확하게 파악할 수는 없습니다. 다만 학자들은 그러한 수수께끼를 가지게 된 원인을 다음과 같이 크게 두 가지로 파악했고, 이로부터 저마다 좀더 상세한 내막을 밝히고자 노력해 왔습니다.

첫째, 법화경의 원전은 일시에 성립된 것이 아니라, 몇 단계의 시기를 거치면서 증보되었습니다.

둘째, 원전들이 어느 한 지역에서만 작성되지는 않았으며, 증보된 부분들이 작성된 곳도 분명하지는 않습니다.

사실이 이러하다면, 현재 남아 있는 법화경과 원래의 법화경은 어떤 관계에 있을까 하는 것이 최대의 관심사가 됩니다. 그래서 학자들은 법화경의 원형과 그러한 관계를 탐색하는 데 주력했습니다. 여기서는 누가 어떻게 탐색했는가 하는 내역까지 소개할 필요는 없을 것 같습니다. 다만 당장의 궁금증을 해소하는 데는 현재까지 도달한 결론을 소개하는 것으로도 충분할 것입니다. 그간의 연구에 의하면 법화경의 원형은 다음과 같이 크게 두 갈래로 유포되었습니다.

법화경의 내용을 주제별로 검토해 보면, 법화경 성립의 수수께끼는 더욱 복잡합니다. 학자들은 원형과 증보의 관계를 고찰하여, 법화경은 적어도 세 단계의 형성 과정을 거치면서 현재와 같은 형태로 고착되었을 것이라고 추정합니다. 학자들에 따라 약간씩 의견이 다르기는 하지만, 대체로 법화경의 전체 내용은 그 성립 시기에 따라 다음과 같이 세 단계로 구분됩니다. 여기서 괄호 안의 숫자는 묘법연화경(28품)의 품 번호입니다.

첫 단계: 제2 방편품부터 제9 수학무학인기품까지는 서기 50년 무렵에 작성되었습니다. 법화경 중에서는 맨 처음에 형성된 내용입니다.

둘째 단계: 제10 법사품부터 제21(22) 촉루품까지는 서기 100년 무렵에 작성되었습니다. 그런데 법화경의 시작 부분인 제1 서품도 이 시기에 속합니다. 그 이유는 첫 단계와 둘째 단계의 내용을 연결하기 위해 작성한 이 서품을 맨 앞으로 배열했을 것으로 추정하기 때문입니다. 그러나 이것을 첫 단계에 작성된 것으로 파악한 학자도 있습니다.

셋째 단계: 제22(23) 약왕보살본사품부터 제27(28) 보현보살권발품까지는 서기 150년 무렵에 작성되었습니다.

이 시기에는 당시 종교계에서 유행하게 된 사상이나 신앙을 법화경에 도입하였을 것으로 추정됩니다.

그런데 법화경의 형성 과정을 이와는 다르게 구분한 학자도 있었습니다. 이 경우에는 앞서 말한 첫 단계와 둘째 단계를 고층(古層)으로 간주하고, 이것들을 세 시기로 구분합니다. 이에 의하면 법화경은 네 시기에 걸쳐 완성되었습니다. 법화경 성립의 수수께끼를 푸는 데는 이런 견해도 참고할 만하므로 아래에 그 요지를 소개해 둡니다. 경전은 대체로 게송(즉 시구)과 산문으로 이루어지는데, 아래 견해에서는 게송과 산문의 성립 시기를 구분한 점이 독특합니다.

제1기: 기원전 1세기에 앞서 말한 첫 단계의 품들 중 게송이 먼저 작성되어 원시 법화경을 형성했습니다.

제2기: 서북 인도에서 서기 1세기까지 그 게송과 관련된 긴 산문이 부연되었습니다.

제3기: 서북 인도에서 서기 100년을 전후로 하여 앞서 말한 둘째 단계의 품들이 거의 동시에 증보되었습니다.

제4기: 그와 같은 증보가 점차 유행하여, 서기 150년 무렵에는 나머지 신층(앞서 말한 셋째 단계)이 증보되었습니다.

이상에 소개한 것으로는 법화경이 언제 어떤 과정으로

성립되었을까 하는 수수께끼는 어느 정도 풀렸습니다. 그러나 법화경의 출생지를 묻는 수수께끼도 남아 있습니다. 학자들은 법화경의 원전을 기록한 언어나 문자를 비교 고찰하여 그 답을 구하고 있습니다. 현재까지의 연구에서 가장 무난한 답은 법화경은 동인도, 북인도, 서북 인도를 거치면서 형성되었다는 것입니다.

2. 구마라집과 묘법연화경

이제부터 소개할 법화경은 구마라집이 번역한 묘법연화경입니다. 앞서 말한 세 번역본 중에서 묘법연화경만이 유독 널리 알려져 법화 신앙을 이끌었기 때문입니다. 한자를 사용하는 사람들에게는 그만큼 구마라집의 번역이 유연하고 이해하기 쉬웠던 것입니다.

구마라집의 번역이 빼어나게 된 데는 그럴 만한 이유가 있습니다. 그는 불전을 번역할 때 처음부터 글로 옮기지 않고, 먼저 강연하듯이 말로 읊어 나갔습니다. 이것을 중국인 제자들이 들으면서 기록하여 임시의 번역문을 작성했습니다. 구마라집은 이 번역문을 원전이나 옛 번역본과 대조하면서 제자들에게 강설했습니다. 이때 제자들은 의심나는 부분마다 구마라집과 대론하여 번역문을 완전한 형태로 결정해 나갔다고 합니다. 따라서 구마라집이 번역했다고 하더라도 그 번역의 문장은 뛰어난 중국인 제자들에 의해 완결되었던 것입니다.

사실이 그와 같더라도 묘법연화경이 빼어난 번역으로 유명하게 된 것은, 원전을 잘 소화하여 이해하기 쉽게 전달할 수 있었던 구마라집의 탁월한 능력 덕분입니다. 구마라집의 생애를 더듬어 보면 이 점을 충분히 짐작할 수 있습니다.

구마라집은 4세기 중엽부터 5세기 초에 걸쳐 약 60년의 생애를 살았습니다. 그는 중앙아시아의 쿠차에서 태어났습니다. 중국에서는 이곳을 구자국으로 불렀는데, 현재는 신강성의 위그루 자치구에 속합니다. 아버지는 쿠차 왕국의 국사가 된 인도 출신의 스님이었고, 어머니는 쿠차 국왕의 여동생이었습니다. 국왕은 그를 환속시켜 미혼의 여동생과 결혼시켰고, 이리하여 구마라집이 태어났던 것입니다.

구마라집은 7세에 출가하여 9세부터 12세까지, 어머니와 함께 계빈국으로 불리는 북인도의 카슈미르 지방에서 불교를 수학했습니다. 이때 어머니는 비구니가 되어 아들을 보살폈습니다. 여기서 그가 공부한 것은 소승불교였습니다. 그러나 그는 귀국하는 도중에 카슈가르에서 1년간 머물면서 인도의 고대 철학과 대승불교도 공부했습니다. 이것은 그가 대승불교로 전향하게 된 계기가 되었습니다. 귀국 후 비구계를 받고 정식으로 스님이 되었을 때, 그의 나이는 20세였습니다.

대승불교를 연구하고 홍보하는 데 전념했던 구마라집의 명성은 서역 일대로부터 중국에까지 널리 퍼졌습니다. 당시 중국은 '5호 16국'으로 불리는 여러 국가들이 난립하여 다투는 상태에 있었습니다. 이때 북조(北朝)에 속해 있던 전진(前秦)의 왕은 구마라집을 데려오려는 목적으로 군대를 보내 쿠차를 정벌했습니다. 이 왕의 이름은 우리나라에도 잘 알려져 있는 부견(符堅)입니다. 그는 고구려에 순도(順道)라는 스님을 파견하여, 우리나라에 불교를 전파한 데 공헌한 왕이기 때문입니다.

구마라집이 전진의 포로가 되어 양주(涼州)의 고장(姑臧)에 도착했을 때, 그의 나이는 36세였습니다. 그런데 이때 전진은 멸망하고 후진이 들어섰습니다. 이 때문에 구마라집은 전진의 땅으로 들어가지 못하고 그곳에서 무려 15년 이상이나 억류 상태로 지내야 했습니다. 그는 이 기간에 중국어와 중국 고전을 습득했습니다. 마침내 후진의 왕은 그를 국사로 모시게 되었는데, 그가 수도인 장안(長安)에 도착한 해는 서기 401년이었습니다.

구마라집의 생애를 소개할 때면 으레 따라다니는 것은 그의 파계 이야기입니다. 스님들의 전기를 집성한 《고승전》에는 구마라집의 파계를 예언하는 이야기도 있습니다. 즉 구마라집이 어머니와 함께 계빈국에서 귀국하는 도중에 어떤 점술사를 만났는데, 그 점술사가 이렇게 예언했다는 이야기입니다.

"이 아이는 신동입니다. 만약 35세가 될 때까지 파계하지 않는다면, 이 아이는 반드시 부처님의 위대한 제자가 되어 중생을 구제할 것입니다. 만약 35세가 되기 전에 파계한다면, 단지 지력이 뛰어난 법사에 불과하게 될 것입니다."

이 이야기는 구마라집이 35세가 되기 전에 파계했다는 것을 암시합니다. 왜냐하면 그는 36세 이후에 중국에 들어와 불전을 강설하고 번역한 법사로 명성을 날리게 되었기 때문입니다. 《고승전》에 의하면, 그의 파계는 중국에서 활동하기 이전에 있었습니다. 전진의 왕이 쿠차에 보낸 정벌군의 총수는 여광(呂光)이었습니다. 여광은 구마라집에게 파계를 명령했으나 구마라집은 이를 거부했습니다. 이에 여광은 구마라집에게 술을 먹이고, 그를 쿠차 국왕의 딸과 함께 한 방에 감금해 버렸습니다.

구마라집이 중국에서 본격적으로 활동하게 된 것은 이로부터 최소한 15년이 지난 후의 일입니다. 후진의 왕인 요흥(姚興)은 중국의 변방에 억류되어 있었던 구마라집을 국사로 초빙하여 극진히 모셨습니다. 이때 요흥은 구마라집이라는 천재의 혈통을 보존하기 위해, 구마라집에게 관사를 따로 마련하여 열 사람의 미녀와 함께 살게 했다고 합니다.

구마라집의 파계 이야기는 결국 그의 천재성과 연관되어 있습니다. 그리고 이 천재성은 그의 번역 능력으로 발휘되었습니다. 장안에 정착한 구마라집은 왕의 후원으로 번역 작업에 총력을 쏟았습니다. 그는 짧은 기간에 중요한 경전과 논서들의 번역을 연작으로 완성해 냈습니다. 그가 번역한 불전은 모두 35종에 이르는데, 그 중에 있는 하나가 바로 묘법연화경입니다.

한자를 공통 언어로 사용했던 중국, 한국, 일본에서 법화경은 구마라집의 번역을 통해 대표적인 대승경전으로 널리 알려지게 되었습니다. 오늘날도 수백만 명의 스님과 신자들이 구마라집의 묘법연화경을 매일 읽거나 독송합니다. 법화경을 영어로 번역할 때 많은 역자들이 원서로 채택하는 것도 구마라집의 묘법연화경입니다.

묘법연화경이 이처럼 유명한 것은 그만큼 그의 번역이 특출하기 때문이겠지요. 그렇다면 무엇을 보고 특출하다고 인정하는 것일까요? 구마라집의 번역은 종래의 옛 번역에 비해, 간결한 어휘와 문장으로 자신이 이해한 의미를 잘 전달하는 데서 교묘한 재능을 발휘했다고 합니다. 더욱이 그의 번역은 독송용으로 읽기에 적합한 장점을 갖추었습니다. 한마디로 말해서 그는 '읽기 쉽고 이해하기 쉽도록' 번역했던 것입니다. 이러한 번역을 '달의적인 번역'이라고 합니다.

그러나 한편으로는 묘법연화경의 장점이 되레 약점으로 지적되기도 합니다. 달의적인 번역은 원문을 그대로 전달하기보다는 번역자의 주관을 많이 반영하기 쉽기 때문입니다. 실제로 묘법연화경을 범어로 된 원문과 대조해 보면, 이런 사실을 곳곳에서 확인할 수 있습니다.

원문에는 지루한 장문과 중언부언이 많습니다. 번역자는 이런 부분을 과감하게 축약하거나 생략하기도 하면서, 요점을 선명하게 드러내는 데 주력했습니다. 이 점은 묘법연화경에서 느낄 수 있는 통쾌한 매력이기도 합니다. 그러나 이 과정에서 원래 의미가 굴곡되거나 손실되기도 했을 것입니다. 묘법연화경을 반드시 신뢰할 만한 번역은 아니라고 비평한다면, 그 이유는 바로 여기에 있습니다.

그럼에도 불구하고 구마라집의 묘법연화경은 많은 사람들에게 법화경의 진수를 전달하는 데 절대적으로 공헌했습니다. 법화경의 진수란 단도직입으로 말하면, 영원한 부처님의 세계로 통하는 보살의 길을 제시하는 것입니다. 이 길을 법화경의 용어로는 '일승'이라고 합니다. 이제 그 진수를 낱낱이 음미할 차례가 되었습니다. 그러나 이에 앞서 법화경의 법문이 어떻게 구성되는지 그 골격을 보아 두는 것이 좋겠습니다. 이것은 법화경의 성격을 한눈에 파악하는 데 도움이 됩니다.

3. 법화경의 구성

묘법연화경은 28품으로 구성되어 있습니다. 불전에서 품(品)은 책의 전체 내용을 주제별로 구분하는 중요한 항목입니다. 요즘 말로는 이것을 장(章)으로 바꾸어 쓰기도 합니다. 이러한 품들의 배열과 상호 관계를 일목요연하게 분석하는 것은 예부터 불전을 연구하는 학승들이 사용해 온 전통적인 방법입니다. 물론 법화경의 구성도 그러한 방법으로 파악되어 있습니다. 하지만 이 경우에는 생소한 용어들을 사용합니다. 그러므로 여기서는 그러한 용어들을 사용하지 않으면서 옛 사람들이 파악한 법화경의 구조를 간략하게 소개할 것입니다.

법화경은 크게 두 부분으로 이루어져 있습니다. 논리적인 짜임새를 고려했다면 그 둘은 총론과 각론이 될 것이지만, 사실은 그렇지 않습니다. 아주 단순하게 형식만을 구분한다면 그 둘은 전반부와 후반부에 해당합니다. 그리고 법문의 내용에 따라 성격을 구분한다면, 그 둘은 정론편과 응용편에 해당합니다.

정론편은 주로 법화경의 교리가 드러난 부분을 가리킵니다. 정론편의 핵심적인 주제는 방편, 진실, 영원한 부처님입니다. 이것들이 법화경에서만 특별하게 주장하는 교리를 형성합니다. 다시 말해서 삼승은 방편이고, 일승은 진실이며, 부처님의 수명은 무량하다고 가르치는 것이 법화경의 교리입니다. 한편 중생을 이러한 가르침으로 인도하여 구제하기 위해서는 법화경을 널리 알려야 합니다. 응용편은 이런 목적으로 법화경을 홍보하고 유포하도록 권장하는 부분을 가리킵니다.

일찍이 중국에서 천태대사는 법화경의 구조를 매우 면밀하게 분석해 냈습니다. 상세한 구분은 생략하고 큰 틀만 소개하자면, 천태대사의 분석은 전반부와 후반부를 각각 정론편과 응용편으로 구분했다는 데 특징이 있습니다. 다음에 제시한 구성표에서 '2부 구조'가 바로 그것입니다. 즉 전반부에도 정론편과 응용편이 있고, 후반부에도 정론편과 응용편이 있습니다.

〖 법화경의 구성표 〗

성격	순서와 품명	법문의 요점	2부 구조	
도입	제1 서품	법문의 개시를 예고합니다.	도입	
정론편	제2 방편품	삼승은 중생을 구제하기 위한 방편일 뿐입니다.	정론편	전반부
	제3 비유품			
	제4 신해품			
	제5 약초유품	부처들은 삼승을 방편으로 사용하여 진실인 일승으로 인도합니다. 법화경의 이 가르침을 이해하여 누구나 부처가 될 수 있습니다.		
	제6 수기품			
	제7 화성유품			
	제8 오백제자수기품			
	제9 수학무학인기품			
	제10 법사품	법화경을 유포하는 것은 매우 큰 공덕이 되므로, 법화경을 열심히 홍보하라고 권유합니다.	응용편	
	제11 견보탑품			
	제12 제바달다품			
	제13 권지품			
	제14 안락행품			
응용편	제15 종지용출품	법화경을 설하신 석가모니불은 본래 무량한 수명을 가진 영원한 부처님입니다.	도입	후반부
	제16 여래수량품		정론편	
	제17 분별공덕품			
	제18 수희공덕품	법화경을 잘 간직하거나 독송하거나 해설하거나 베껴 쓰는 사람에게는 큰 공덕이 있고, 탁월한 능력이 갖추어집니다.	응용편	
	제19 법사공덕품			
	제20 상불경보살품			
	제21 여래신력품	법화경을 잘 간직하거나 독송하거나 해설하거나 베껴 쓰라고 당부합니다. 여러 보살들은 이처럼 법화경을 유포하는 법사를 수호하겠다고 다짐합니다.		
	제22 촉루품			
	제23 약왕보살본사품			
	제24 묘음보살품			
	제25 관세음보살보문품			
	제26 다라니품			
	제27 묘장엄왕본사품			
	제28 보현보살권발품			

천태대사의 분석은 법화경의 구성과 핵심을 한눈에 파악하는 데 큰 쓸모가 있습니다. 이 분석에 따르면 전반부에서 법문의 핵심은, 삼승은 방편이고 일승이 진실이라는 것입니다. 더욱 집약하여 말하면 그 핵심은 일승입니다. 후반부에서는 부처님의 수명은 무량하다는 것이 핵심입니다. 간단히 말해서 부처님의 영생이 후반부의 핵심입니다. 그리고 중생 구제를 위해 두 가지 핵심을 널리 이해시키고 전파하라고 권유 또는 당부하는 것이 전반부와 후반부에 있는 응용편의 법문입니다.

전반부의 중심은 제2 방편품이고, 후반부의 중심은 제16 여래수량품입니다. 그런데 이 둘은 모두 정론편에 소속되어 법화경의 핵심적 교리를 가르칩니다. 그렇다면 전반부와 후반부에 있는 응용편의 핵심은 무엇일까요? 앞에 있는 구성표로는 품의 제목만으로 그것을 어렴풋이 짐작할 수 있을 뿐입니다.

그 제목들 중에서 가장 낯익은 말은 보살과 법사일 것입니다. 응용편에서 부처님은 법화경의 가르침을 널리 알리는 데 전념하는 사람의 공덕이 크다는 것을 수차 반복하여 강조합니다. 이런 사람이 바로 법사이고, 이런 법사는 곧 보살이 됩니다. 보살은 언제든지 성불할 수 있는 준비가 되어 있는 사람입니다. 법사에게 보장된 큰 공덕도 이와 같습니다. 응용편에 나오는 위대한 보살들도 법화경을 널리 알리는 데 앞장서고, 법사를 수호하는 데 앞장섭니다. 법화경의 가르침은 중생을 돕고 구제하는 데 가장 적합하다고 믿기 때문입니다. 이 같은 신념으로 법화경을 널리 알려 중생을 구제하고자 노력하는 것이 법화경의 보살행입니다. 그러므로 응용편의 핵심은 그러한 보살행입니다.

이상과 같이 법화경은 세 가지 핵심을 가르치는 내용으로 이루어져 있습니다. 그 셋은 일승, 부처님의 영생, 보살행입니다. 그래서 이 핵심의 순서대로 법화경의 법문을 구분하면, 법화경 전체의 구조를 아래와 같이 세 단계로 간결하게 파악할 수 있습니다.

핵심 주제	일 승	부처님의 영생	보살행
범 위	제1품~제10품	제11품~제22품	제23품~제28품

위의 표에서 보살행은 셋째 단계의 핵심적 주제입니다. 여기서는 관세음보살, 보현보살, 아미타불처럼 대승불교

에서 유명한 보살과 부처가 등장하여 신앙의 대상이 됩니다. 또한 주문으로 사용되는 다라니를 여러 차례 제시하기도 합니다. 이처럼 법화경에서는 대승불교에서 유행한 각종 신앙을 차별하지 않고 포용합니다. 이런 신앙은 어려운 교리를 공부하라고 요구하지 않습니다. 저마다 성향에 맞는 신앙을 선택하여 현재의 삶을 유익하고 건전하게 이끌어 간다면, 이것도 법화경의 가르침을 적용한 것이 됩니다. 많은 사람들이 법화경을 좋아하는 이유가 여기에 있을 것입니다.

3장

법화경의 법문 일람

법화경의 진수를 한 가지 맛, 즉 일미라고 한다면, 법화경의 28품은 그 일미를 우려내는 스물여덟 가지의 성분이라고 말할 수 있습니다. 그 일미는 앞서 말했듯이 영원한 부처님의 세계로 통하는 보살의 길이고, 법화경의 용어로는 일승에 해당합니다. 일승을 우려내는 성분이 28품인 만큼, 28품의 요지를 일람하는 것으로 우선 법화경의 전체 내용을 골고루 음미할 수 있습니다. 이로부터 법화경의 진수에 더욱 다가갈 수 있을 것입니다.

▌ 제1 서품 ▐

중인도 마가다국의 왕사성 부근에 있는 영취산에 수많은 청중이 모여, 부처님이 설법하시길 기다리고 있습니다. 청중의 부류는 1만 2천의 비구들, 6천의 비구니들, 문수를 비롯한 8만의 보살들, 제석천과 범천을 비롯한 위대한 신들, 8대 용왕 등의 잡신들, 이런 신들의 권속들, 아사세왕과 그 권속들입니다. 이들 앞에서 부처님이 심오한 삼매에 들자 온갖 상서롭고 불가사의한 일이 일어납니다. 이제 곧 부처님의 설법이 시작될 것입니다.

▌ 제2 방편품 ▐

부처님이 설법을 시작합니다. 남의 가르침에만 의지하여 깨달음을 추구하는 사람들과 혼자 깨달아 그 깨달음에 안주하는 사람들은 부처들이 깨달은 진실한 법을 이해할 수 없습니다. 사리불이 그 이유를 설명해 달라고 부처님께 요청하지만, 부처님은 번번이 거절합니다. 마침내 부처님이 답변을 시작하려고 하자, 5천에 이르는 사람들이 그 자리를 떠납니다. 이들은 스스로 깨달은 체하고 교만에 빠진 자들입니다.

이들이 떠나자 부처님은 본격적으로 법문을 펼칩니다. 중생은 잡다한 욕망에 사로잡혀 있고 저마다 본성이 다릅니다. 그래서 부처들은 온갖 인연과 비유와 방편을 사용하여 중생을 바른 길로 인도합니다. 악한 세상에서 부처들이 주로 사용하는 것은 방편입니다. 그리고 그 방편이 곧 삼승입니다. 삼승이란 성문승, 연각승, 보살승입니다. 그러나 삼승은 본래 일승이자 불승인 것을 셋으로 구분한 것일 뿐이기 때문에 방편인 것입니다. 모든 세계에는 오직 일승의 법만 있고 이승이나 삼승이 따로 있는 것은 아닙니다.

끝으로 부처님은 불도를 완성하는 쉬운 길을 여러 가지로 제시합니다.

〖 제3 비유품 〗

사리불은 진실한 일불승의 가르침을 듣고 나서, 이제까지 생각한 것이 잘못되었다고 반성합니다. 이어서 그는 소승의 가르침도 방편이었음을 알게 되었다고 기쁨을 토로합니다. 이에 부처님은 사리불이 미래세에 화광(華光) 여래가 되어 삼승으로 중생을 제도할 것이라고 예언합니다. 사리불이 더 설명해 달라고 간청하자, 부처님은 '불난 집'을 비유로 들어 설법합니다. 이 비유의 요지는, 삼승은 중생을 구제하기 위한 방편일 뿐이라는 것입니다. 그러므로 이 것도 결국에는 중생을 성불로 인도하는 일승과 합치하게 됩니다.

끝으로 부처님은 법화경을 가르쳐서는 안 될 사람, 법화경을 믿지 않고 비방하는 자들의 나쁜 과보, 법화경을 가르쳐도 좋을 사람 등을 알려 줍니다.

▏【 제4 신해품 】

부처님의 제자들 중 수보리, 마하가섭, 마하가전연, 마하목건련은 4대 성문으로 불리는 유명한 제자들입니다. 이들도 그간의 그릇된 생각을 고백하고 새로 얻은 감동을 토로합니다. 특히 성문도 성불할 것이라고 예언한 부처님의 말씀에 고무되어, "마치 뜻밖에 수많은 진귀한 보물을 얻은 것과 같습니다"라고 말합니다. 그들은, 부처님은 소승에 빠져 있는 자들을 배척하지 않고 그들을 서서히 대승으로 이끌어 제도하신다고 이해하게 되었습니다. 그들은 이렇게 깨우친 것을 '가난한 아들'을 비유로 들어 부처님께 아룁니다.

〖 제5 약초유품 〗

부처님은 마하가섭을 비롯한 네 명의 제자들의 생각을 칭찬하고, '초목'을 비유로 들어 부처의 자비와 구제 활동이 모두에게 평등하다고 설법합니다. 초목이나 약초가 똑같은 비를 맞으면서도 그 이름과 모양이 다른 것은, 그것들이 그 종류와 성질에 맞게 수분을 섭취하여 제각기 자라기 때문입니다. 여래(부처님)의 가르침도 비처럼 한 가지 맛입니다. 다만 중생의 근성에 차이가 있음을 고려하여 삼승으로 중생을 인도하지만, 법화경은 이 삼승을 일불승으로 인도합니다.

〖 제6 수기품 〗

수기란 나중에는 부처가 될 것이라고 예언으로 선포하는 것입니다. 부처님은 4대 성문들이 미래에 성불할 것이라고 차례로 수기합니다. 마하가섭과 수보리는 부처들을 공양하고 보살도를 잘 닦아 성불할 것이라고 합니다. 반면에 마하가전연과 마하목건련은 열반한 부처들의 탑을 세우고, 온갖 보배로 그 불탑을 공양하여 성불할 것이라고 합니다. 여기서는 이처럼 불탑 신앙도 성불의 방도가 된다고 가르칩니다.

〖 제7 화성유품 〗

먼저 아촉불과 아미타불이 출현하게 된 인연을 소개합니다. 아득히 먼 옛적에 대통지승(大通智勝) 여래에게는 출가하기 전에 얻은 열여섯 왕자가 있었습니다. 이들은 출가하여 성불의 가르침을 간절히 염원한 덕분에, 대통지승불이 베풀어 준 법화경의 법문을 듣고 성불하게 되었습니다. 이리하여 아촉불과 아미타불을 포함한 열여섯 부처가 출현하였습니다. 석가모니불은 이들 중 열여섯째 부처라고 합니다.

다음에는 '가짜 도성'을 비유로 들어 삼승은 방편이라는 것을 가르칩니다. 한 슬기로운 안내인이 험난하고 먼 길을 지나 진귀한 보물이 있는 곳으로 사람들을 인도합니다. 그런데 도중에 사람들은 피로에 지치고 두려워하여 되돌아가려고 합니다. 그러자 안내인은 신통력으로 가짜 도성을 만들어 냈습니다. 이렇게 하여 그들을 도성에서 쉬게 한 후, 도성이 가짜임을 밝히고 다시 목적지로 인도합니다. 가짜 도성은 사람들을 목적지로 인도하기 위한 방편이며, 삼승도 이와 같은 것입니다.

〖 제8 오백제자수기품 〗

부처님은 이제까지의 법문을 듣고 기뻐하는 부루나가 전생에서도 설법의 제일인자였다고 알리면서 미래에는 법명(法明) 여래가 될 것이라고 수기합니다. 이어서 교진여를 비롯한 1천 2백의 아라한과 우루빈라가섭을 비롯한 5백의 아라한도 보명(普明) 여래가 될 것이라고 수기합니다. 이에 감동한 5백의 아라한들은 자신들의 과오를 반성하고, '옷 속의 구슬'을 비유로 들어 그간 깨우친 것을 토로합니다.

어떤 사람이 친구를 방문했다가 그의 옷 속에 보배 구슬을 달아 두고 떠났습니다. 그런데 그 친구는 그 사실을 모른 채 가난으로 고생했습니다. 그는 나중에 구슬을 달아 준 친구로부터 그 사실을 알고 나서야 가난에서 벗어날 수 있게 되었습니다. 이 비유에서 보배 구슬은 성불을 의미합니다. 구슬을 달아 준 친구는 부처님을 가리킵니다. 자기에게 보배가 있음을 모르고 고생한 친구는 성문승과 연각승을 가리킵니다.

⟦ 제9 수학무학인기품 ⟧

아난과 라후라를 비롯한 2천의 성문들도 성불할 것이라는 말씀을 부처님에게서 듣고자 합니다. 이에 부처님은 아난은 산해혜자재통왕(山海慧自在通王) 여래, 라후라는 도칠보화(蹈七寶華) 여래, 나머지 성문들은 보상(寶相) 여래가 될 것이라고 수기합니다. 아난에게 수기한 것은, 그가 미래에 출현할 부처들의 가르침을 받들어 보살들을 교화하겠다고 굳게 맹세했기 때문입니다. 라후라에게 수기한 것은, 그가 현재도 그렇듯이 미래에도 모든 부처의 맏아들이 되어 불도를 구할 것이기 때문입니다.

⟦ 제10 법사품 ⟧

부처님은 먼저 약왕보살을 비롯한 8만의 보살들에게, 법화경의 한 게송이나 한 구절을 듣고서 한순간이라도 기뻐하는 자가 있다면, 이들은 모두 성불할 수 있을 것이라고 설법합니다. 그리고 법화경의 한 게송이라도 받들어 지니거나 읽거나 외우거나 해설하거나 베껴 쓰는 사람, 또한 법화경을 열 가지 공양물로 받드는 사람도 부처가 될 것이라고 알립니다.

이어서 부처님은 여래가 열반한 후에 법화경을 널리 알리는 사람을 여래사(如來使)라고 칭찬합니다. 여래사가 되려면 여래의 방으로 들어가 여래의 옷을 입고 여래의 자리에 앉아 두려움 없이 법화경을 가르쳐야 합니다. 여기서 여래의 방은 자비, 여래의 옷은 인욕, 여래의 자리는 공(空)을 가리킵니다.

〖 제11 견보탑품 〗

거대한 보탑이 땅에서 솟아올라 하늘까지 닿습니다. 이것은 다보불(多寶佛)의 보탑입니다. 그리고 탑 속에서 커다란 음성이 울려나와 석가모니불이 법화경으로 가르친 것은 모두 진실이라고 알립니다. 옛적에 다보불은 보살로 수행할 때, 법화경을 가르치는 곳이라면 어디에서나 이렇게 하겠다고 맹세했던 것입니다.

세계의 곳곳에 흩어져서 설법하고 있는 무수한 부처들은 모두 석가모니불의 분신입니다. 그런데 보탑 속에 있는 다보불을 보려면 이 분신들이 한 곳에 모여야 합니다. 그래서 부처님은 그들을 모두 모이게 한 후, 보탑의 문을 열어 청중에게 다보불을 보여 줍니다. 다보불이 부처님을 정성껏 맞이하자 부처님은 탑 안으로 들어가 다보불과 나란히 앉습니다. 이어서 부처님은 자신의 열반 후에 법화경을 널리 알릴 사람을 찾습니다. 여기서 부처님은 하기 어려운 이 일을 맡을 사람의 공덕을 칭송합니다.

〖 제12 제바달다품 〗

불교에서는 일찍이 제바달다를 성불할 수 없는 전형적인 악인으로 지목해 왔습니다. 그런데 여기서 부처님은 전생에 제바달다의 도움을 받은 덕분에 성불할 수 있게 된 이야기를 소개합니다. 그리고 나서 부처님은 제바달다가 반드시 성불하여 천왕(天王) 여래가 될 것이라고 예언합니다.

이어서 용녀(龍女)의 성불을 둘러싸고 논쟁이 벌어집니다. 문수보살은 법화경을 수행하면 용녀도 순식간에 성불할 수 있다고 주장합니다. 지적(智積) 보살은 그것을 믿을 수 없다고 회의합니다. 당사자인 용녀는 부처님만이 그것을 증명할 수 있다고 말합니다. 이에 사리불은 여자의 몸으로는 이룰 수 없는 다섯 가지 중의 하나가 성불이라고 지적합니다. 그러자 용녀는 홀연히 남자로 변신하여 성불한 상태로 사람들에게 묘법을 가르치고 있는 모습을 드러냅니다.

〖 제13 권지품 〗

청중들은 부처님의 열반 후 악세에서 신명을 바쳐 법화경을 널리 유포하겠다고 맹세합니다. 이들 중에는 약왕보살을 비롯한 2만의 보살, 5백의 아라한, 배울 것이 남아 있거나 없는 8천의 사람들이 있습니다. 이들 모두에게는 성불이 예정되어 있습니다. 이때 부처님은 비구니가 된 양모와 아내, 그리고 다른 6천의 비구니들도 부처가 될 것이라고 수기합니다. 그러자 이들도 법화경을 유포하겠다고 맹세합니다. 끝으로 이들은 모두 함께 어떠한 박해와 위험도 감내하면서 법화경을 널리 알리겠다는 맹세를 다시 다짐합니다.

〖 제14 안락행품 〗

문수보살은 훗날 악세에서 법화경을 가르치기 위해서는 어떻게 해야 하느냐고 부처님께 여쭙니다. 이에 부처님은 보살이 안주해야 할 네 가지 법을 제시합니다. 이것은 몸과 말과 마음과 서원으로 안락한 상태를 유지하는 것입니다. 이것을 안락행이라고 합니다.

몸의 안락행은 진실을 깨닫고 몸으로 실천하는 것입니

다. 특히 수행에 방해가 되는 것을 피하여 좌선으로 마음을 닦아야 합니다. 말의 안락행은 남을 비방하거나 의심하지 않고, 오직 대승의 가르침으로 부처의 지혜를 얻게 해 주는 것입니다. 마음의 안락행은 질투하거나 속이거나 성내지 않고, 자비심으로 모든 중생을 평등하게 인도하는 것입니다. 서원의 안락행은 누구에게나 자비심을 일으켜, 자신이 성불할 때는 그들을 법화경의 가르침으로 구제하겠다고 맹세하는 것입니다.

끝으로 부처님은 '상투의 보석'을 비유로 들어 정진을 당부합니다. 전륜성왕은 자신의 상투에 있는 보석을 아무에게나 함부로 주지 않습니다. 법화경의 가르침을 공부하여 잘 간직하는 것은, 이 같은 '상투의 보석'을 얻는 것과 마찬가지로 어려운 일입니다.

〖 제15 종지용출품 〗

중생의 세계에는 법화경을 널리 알릴 무수한 보살들이 있습니다. 부처님이 이렇게 말하자, 갈라진 대지로부터 그 무수한 보살들이 솟아나옵니다. 그리고 그들은 공중의 보탑에 앉아 있는 다보불과 석가모니불을 예배하고 찬탄합니다. 이때 부처님은 자신이 이들을 모두 제도했다고 말합니다. 그러자 미륵보살을 비롯한 청중은 이것을 다음과 같이 의심합니다.

부처님이 이 세상에서 설법한 기간은 40여 년에 불과합니다. 그런데 그 짧은 기간에 어떻게 저토록 무수한 보살을 제도할 수 있겠습니까? 그렇다면 부처님의 말씀은 25세의 청년이 100세의 노인을 가리켜, "이 사람이 나의 아들이다"라고 말하는 것과 같습니다.

청중은 이와 같은 의심을 풀어 달라고 부처님께 간청합니다.

〖 제16 여래수량품 〗

부처님은 미륵보살을 비롯한 청중에게 여래의 진실한 말을 믿고 이해하라고 훈계하고, 청중은 다시 간청합니다. 이렇게 하기를 세 차례 반복하고 나서야, 부처님은 다음과 같은 법문으로 그들의 의심을 풀어 줍니다.

지금의 석가모니불은 상상할 수도 없을 만큼 먼 옛적에 이미 성불했습니다. 그 이후로는 중생의 기질을 고려하여 온갖 방편으로 중생을 제도해 왔습니다. 이 석가모니불은 아직도 무량한 수명이 남아 있는 영원한 부처님입니다. 그러나 이 부처가 항상 우리 곁에 살고 있다고 한다면, 사람들은 교만하거나 태만하게 될 것이고 공경심도 갖지 않을 것입니다. 그래서 부처님은 중생을 구제하기 위해 여래를 만나 보기는 어렵다고 말하고, 여래의 열반(죽음)을 말하기도 합니다.

이어서 부처님은 '훌륭한 의사와 그의 자식'을 비유로 들어, 열반은 중생을 구제하려는 방편이라고 가르칩니다. 어떤 의사에게 제정신이 아닌 자식들이 있습니다. 이들은 아버지가 처방한 약을 먹으려 하지 않습니다. 그래서 의사는 자신이 죽었다고 거짓을 꾸몄습니다. 자식들은 이 소식을 듣고서야 제정신이 들어 아버지의 말씀에 순종하게 되었습니다. 부처님이 열반했다고 말한 것도 이와 같은 방편입니다. 중생은 이 말을 듣고서야 부처님이 영원하길 바라고 그런 부처님을 더욱 따르게 될 것입니다.

〖 제17 분별공덕품 〗

부처님의 수명이 무량하다는 설법을 들은 무수한 중생들은 큰 이익을 얻게 됩니다. 이들은 최상의 깨달음을 얻을 뿐만 아니라, 결국에는 영원한 수명을 가진 부처가 됩니다. 부처님이 이와 같이 설법하자, 하늘에서는 꽃과 향 등이 쏟아져 모여 있는 모든 청중을 공양하고, 미륵보살은 부처님을 찬탄합니다.

이어서 부처님은 공덕에 관해 설법합니다. 부처님의 수명이 무량하다는 설법을 이해하거나 남에게 전달하는 사람의 공덕은 무한합니다. 또한 이렇게 가르치는 법화경을 기뻐하거나 독송하거나 잘 간직하거나 베껴 쓰거나 하는 공덕은, 탑을 세우거나 승방을 짓거나 스님을 공양하거나 하는 공덕과 같습니다. 다만 앞의 공덕을 쌓은 사람들은 뒤의 공덕을 쌓은 사람들이 다니는 곳에는 탑을 세워, 불탑을 대하듯이 공양해야 합니다.

‖ 제18 수희공덕품 ‖

부처님은 법화경을 듣고서 기뻐하는 공덕을 미륵보살에게 상세히 설명합니다. 법화경이 한 사람씩 거치면서 차례로 다음 사람에게 전해진다면, 먼저 전해 들은 사람의 공덕은 나중에 전해 들은 사람의 공덕보다 당연히 크겠지요. 이렇게 전해지기를 50번째 사람에까지 이르렀습니다. 그런데 이 50번째 사람이 법화경의 한 게송을 듣고 기뻐하는 공덕은 어떤 사람이 80년 동안 열심히 보시한 공덕보다 훨씬 더 크다고 합니다. 그렇다면 법화경을 맨 처음 전해 듣고 기뻐한 사람의 공덕은 이루 다 말할 수 없을 만큼 클 것입니다.

또한 부처님은 법화경을 다른 사람에게 듣도록 권하는 사람의 공덕을 수십 가지로 열거합니다. 그리고 법화경을 직접 듣거나 독송하거나 해설하는 사람의 공덕은 이보다 훨씬 더 크다고 합니다.

▎【 제19 법사공덕품 】

부처님은 상정진(常精進) 보살에게 법화경을 잘 간직하거나 독송하거나 해설하거나 베껴 쓰는 사람의 공덕을 상세히 설명합니다. 이 경우에는 공덕이 그 사람의 여섯 감관을 모두 청정하게 하는 것으로 발현됩니다. 그래서 청정한 눈으로 모든 세계의 중생과 이 중생의 과보를 보고 알게 됩니다. 청정한 귀로 모든 세계의 온갖 소리를 듣고 이해하게 됩니다. 청정한 코로 모든 세계의 온갖 냄새를 맡고 구분하게 됩니다. 청정한 혀로 모든 음식에서 좋은 맛을 느끼게 되고, 모든 사람을 즐겁게 하는 슬기로운 말로 설법하게 됩니다. 청정한 몸으로 온갖 중생의 모습을 드러낼 수 있게 됩니다. 청정한 마음으로 한 게송이나 한 구절을 듣고서도 이것의 무궁한 뜻에 통달하여, 이것을 오래오래 설명할 수 있게 됩니다. 또한 이런 마음으로는 세상의 일을 설명할 때도 부처님의 가르침에 합당하게 됩니다.

〖 제20 상불경보살품 〗

부처님은 전생에 상불경(常不輕) 보살로 불린 적이 있었는데, 부처님은 이렇게 불리게 된 인연을 득대세(得大勢) 보살에게 설명합니다. 상불경은 누구에게나 예배하고 찬탄하면서 "저는 감히 당신들을 얕잡아 보지 않습니다. 당신들은 모두 부처가 될 것이기 때문입니다"라고 말했습니다. 심술궂은 사람들이 욕하고 때리거나 돌을 던져도 그는 항상 성내지 않고 똑같이 말했습니다. 교만에 빠진 사람들은 그를 조롱하여 '상불경'이라고 불렀습니다. 그러다가 그들도 상불경을 믿고 따르게 되었으며, 상불경은 법화경을 설한 공덕으로 부처가 되었습니다. 부처님은 지금 이 자리에도 상불경의 가르침을 받은 이들이 있다고 알리면서, 법화경을 잘 간직하거나 독송하거나 해설하거나 베껴 쓰라고 당부합니다.

｜[제21 여래신력품]｜

땅에서 솟아난 무수한 보살들이 법화경을 널리 알리겠다고 맹세하자, 석가모니불과 다른 부처들은 여러 가지 불가사의한 일을 보여 줍니다. 이때 보여 준 불가사의는 다음과 같은 것들입니다.

넓고 긴 혀를 내밀어 최고의 천상 세계까지 덮었습니다. 모든 털구멍에서 광명을 발산하여 모든 세계를 비추었습니다. 혀를 거두어들이고 일시에 기침 소리를 내면서 손가락을 튕겨 소리를 내자, 이 소리에 대지가 진동했습니다. 다보탑 속에 앉아 있는 석가모니불과 다보불뿐만 아니라 모든 부처들을 보여 주었습니다. 법화경을 가르치는 석가모니불을 예배하고 공양하라고 권하는 소리가 공중에서 들렸습니다. 이 소리를 들은 중생들이 일제히 '나무 석가모니불'이라고 읊었습니다. 하늘에서 갖가지 공물들이 뿌려졌습니다. 모든 세계가 하나의 불국토로 트이게 되었습니다.

법화경에는 이 같은 불가사의보다 훨씬 더 큰 공덕이 담겨 있습니다. 그러므로 부처님은 법화경을 잘 간직하고 독송하고 해설하고 베껴 쓰고 가르친 대로 수행하라고 당부합니다. 끝으로 부처님은 이 당부를 따르는 사람이 있거나 법화경이 있는 곳이라면 어디에나 탑을 세워 공양하라고 권유합니다. 왜냐하면 부처들은 그곳에서 설법하고 열반에 들 것이기 때문입니다.

〖 제22 촉루품 〗

부처님은 오른손으로 모든 보살들의 머리를 쓰다듬으면서 이들에게 같은 내용을 세 차례 당부합니다. 당부한 내용은 법화경의 가르침을 스스로 익히고 모든 중생을 위해 널리 전달하여, 부처들의 은혜에 보답하라는 것입니다. 보살들도 세 차례 반복하여 그렇게 하겠다고 다짐합니다. 그러자 부처님은 이 자리에 참석한 모든 부처들, 그리고 다보불에게 본래의 자리로 돌아가라고 분부합니다.

〖 제23 약왕보살본사품 〗

수왕화(宿王華) 보살은 약왕보살이 중생의 세계를 전전하며 오래도록 고행한 이유를 부처님께 여쭙니다. 이에 부처님은 그 인연을 다음과 같이 설명합니다.

옛적에 일체중생희견(一切衆生喜見) 보살은 일월정명덕
(日月淨明德) 부처로부터 법화경의 가르침을 들었습니다.
그는 이후 고행으로 정진하여 모든 물질 세계를 직관하는
삼매를 성취하게 되었습니다. 그는 이것이 법화경을 들은
덕분이라고 생각했습니다. 그래서 그는 온갖 꽃과 향으로
일월정명덕 부처를 공양하다가, 마침내 향으로 가득 채운
자신의 몸을 태워 공양했습니다. 그의 몸이 1천 2백 년 동
안 타오른 끝에 사라지자, 그는 일월정명덕 부처의 국토에
서 다시 태어났습니다. 여기서 일월정명덕 부처는 모든 것
을 그에게 부탁하고 열반했습니다. 이에 그는 자신의 두 팔
을 태워 많은 사람들을 제도했는데, 그간의 공덕으로 그의
팔은 회복되었습니다. 바로 이 보살이 지금의 약왕보살입
니다.

이어서 부처님은 여러 가지 비유를 들어 법화경의 장점
을 설명합니다. 이에 의하면 다른 어떠한 공양보다도 법화
경의 게송 하나를 잘 간직하는 공덕이 더 크고, 모든 경전
들 중에서는 법화경이 으뜸이고, 법화경은 모든 중생을 이
롭게 합니다.

〔 제24 묘음보살품 〕

부처님의 정수리와 미간의 흰 털에서 발산되는 광명이 모든 세계를 비추어 냅니다. 이 광명으로 묘음보살의 모습이 드러납니다. 그는 온갖 종류의 삼매에 들 수 있는 보살입니다. 그는 중생의 세계로 가서 석가모니불을 예배하고 여러 보살들을 만나고 싶어 합니다. 이런 그에게 정화수왕지(淨華宿王智) 부처는 중생 세계와 거기에 있는 보살들을 얕잡아 보지 말라고 훈계합니다. 이에 묘음보살은 그 자리에서 삼매의 힘으로 기사굴산 부근에 8만 4천 개의 보배 연꽃을 만들어 냅니다.

한편 문수보살은 이 신비스러운 조화를 보고 그 내막을 알려 달라고 다보불에게 간청합니다. 이에 다보불은 묘음보살을 불러 냈습니다. 묘음보살은 그 자리에 나타나 석가모니불과 다보불에게 정중하게 인사합니다. 그러자 부처님은 묘음보살이 그런 신통력을 갖게 된 인연과 그간의 공덕을 설명합니다. 이에 의하면 묘음보살의 신통력은 모든 물질 세계를 직관하는 삼매에서 나온 것입니다. 이 신통력으로 그는 구제할 대상에 따라 갖가지 모습으로 변신하여, 법화경의 가르침으로 중생을 구제할 수 있습니다. 그러므로 이 묘음보살품을 들은 이들도 모두 그와 같은 삼매를 성취할 수 있습니다.

끝으로 묘음보살은 부처님과 다보탑을 공양하고 본국으로 돌아가 정화수왕지 부처에게 그간의 사실을 보고합니다.

【 제25 관세음보살보문품 】

부처님은 무진의(無盡意) 보살의 질문에 답하여, 관세음보살이 '관세음'이라는 이름으로 불리게 된 인연을 설명합니다. 고통받는 중생들이 관세음보살이라는 이름을 부르면, 관세음보살은 그 소리를 듣고 그들을 해탈하게 합니다. 관세음보살을 부르는 것으로 벗어날 수 있는 곤경이나 위기는 여러 가지가 있습니다. 부처님은 이것들을 예시하고 나서, 관세음보살을 생각하고 공경하여 얻을 수 있는 이익도 예시합니다. 관세음보살의 이름을 새겨 두고 잠시 예배하는 공덕은 무수한 보살들을 평생 공양하는 공덕과 똑같습니다.

관세음보살은 구제하려는 중생과 똑같은 모습으로 나타나서 설법합니다. 이때 관세음보살은 33부류의 신체로 자신의 모습을 바꿀 수 있습니다. 부처님은 이렇게 중생을 구제하는 관세음보살을 일념으로 공양하라고 당부합니다.

〖 제26 다라니품 〗

부처님은 약왕보살의 질문에 답하여, 법화경을 잘 간직하거나 독송하거나 통달하거나 베껴 쓰는 공덕이 크다는 것을 재확인해 줍니다. 이에 약왕보살은 법화경을 홍보하는 법사를 수호할 다라니(주문)를 읊습니다. 이후 용시(勇施) 보살, 비사문천왕, 지국천왕, 10명의 나찰녀도 제각기 그와 같은 다라니를 읊으면서 법사를 수호하겠다고 다짐합니다. 이들 중에서는 나찰녀들이 가장 강력하게 수호의 의지를 표명합니다. 부처님은 이런 나찰녀들을 특별히 칭찬하고, 그들에게 법사를 수호하라고 당부합니다.

〖 제27 묘장엄왕본사품 〗

묘장엄왕은 다른 종교를 믿고 있었으나 두 아들에 의해 출가하여 법화경을 수행하게 되었습니다. 부처님은 이렇게 된 인연을 설명합니다.

묘장엄왕에게는 정장(淨藏)과 정안(淨眼)이라는 두 아들이 있었습니다. 이들은 6바라밀을 비롯한 온갖 수행법과 여러 가지 삼매에 통달했습니다. 운뢰음수왕화지(雲雷音宿王華智) 부처는 이때 묘장엄왕과 중생을 위해 법화경을 설했습니다. 그러자 두 아들은 아버지를 교화하기 위해 신통력으로 신기한 조화를 부렸습니다. 이것을 본 부모는 두 아들의 출가를 허락하였고, 두 아들은 부모를 운뢰음수왕화지 부처 앞으로 안내했습니다. 묘장엄왕은 이 부처로부터 성불할 것이라는 말을 듣고, 부인과 두 아들과 권속들과 함께 출가하여 8만 4천 년에 걸쳐 법화경을 수행했습니다. 이후 그는 두 아들의 공덕을 칭찬하고 부처님을 찬탄한 후, 악한 마음을 일으키지 않겠다고 맹세했습니다.

끝으로 부처님은 묘장엄왕의 두 아들이 지금의 약왕보살과 약상(藥上) 보살임을 밝히면서, 두 보살의 공덕을 칭찬합니다.

▌ 제28 보현보살권발품 ▐

보현보살이 부처님께 찾아와 법화경을 얻을 수 있는 방법을 여쭙자, 부처님은 네 가지 방법을 가르쳐 줍니다. 즉 부처들의 보호를 받을 것, 미덕의 근본을 갖출 것, 성불할 것으로 결정된 성자가 될 것, 중생을 구제하려는 마음을 지닐 것입니다. 이에 보현보살은 악세에 법화경을 수호하겠다고 맹세하고 그 구체적인 방법을 여러 가지로 열거합니다. 그는 여섯 개의 상아를 가진 흰 코끼리를 타고 찾아다니면서 법화경을 잘 간직하거나 독송하거나 하는 사람들을 보호하고 돕겠다고 다짐합니다. 보현보살은 또한 그런 사람들을 수호할 다라니를 읊고 나서, 그들이 얻게 될 공덕을 열거합니다. 부처님은 이에 화답하여, 보현보살이라는 이름을 잘 간직한 자들을 수호하겠다고 선언합니다.

끝으로 부처님은 법화경을 잘 간직하거나 독송하거나 하는 사람들의 좋은 성품과 공덕뿐만 아니라, 그런 사람들을 비방하거나 경멸하는 자들이 걸리게 될 병들도 열거합니다. 이제 부처님은 보현보살에게 다음과 같이 당부하는 것으로 법화경의 법문을 종료합니다.

"만일 이 경전을 잘 간직한 이를 보거든, 마치 부처님을 공경하듯이 마땅히 일어나 멀리서부터 환영할지니라."

4장

법화경의 핵심 법문

법화경의 핵심 법문

부처님의 모든 법문은 깨달음의 세계로 인도하는 가르침입니다. 법화경도 예외는 아닙니다. 다만 법화경에서 부처님은 법화경의 법문이야말로 깨달음으로 인도하는 특별한 가르침이라는 것을 반복하여 강조합니다. 이뿐만 아니라 부처님은 제10 법사품에서 이 법문의 목적을 다음과 같이 또렷하게 천명합니다.

이 법문은 최고의 심원한 의미를 간직한 말씀들을 풀어서 설명한 것이니라. 위대한 뜻을 품은 보살들을 완전한 깨달음의 경지로 인도하기 위해, 완전한 깨달음을 얻어 존경받을 만한 여래들이 비장해 둔 법문을 여기서 설명하느니라.

법문의 목적이 이러하다면, 법화경에서는 '완전한 깨달음의 경지'가 무엇이며 어떻게 거기에 도달할 수 있는지를 가르쳐 줄 것으로 기대할 수 있습니다. 이 가르침이 법화경의 법문을 구성합니다. 그런데 법화경의 구성으로 알 수 있듯이 법화경의 핵심이 되는 주제를 셋으로 집약하면 일승, 부처님의 영생, 보살행입니다. 바꾸어 말하면 법화경은 여러 가지로 예를 들면서 그 셋을 반복하여 설명하는 법문으로 이루어져 있습니다. 법화경의 고유한 교리도 모두 이 같은 법문에서 추출된 것들입니다. 세 가지 주제를 설명하는 법문들에서는 각각 다음과 같은 요지를 읽어 낼 수 있습니다.

삼승은 일승으로 인도하는 방편일 뿐이고, 진실한 것은 일승입니다.

본래 영원한 수명을 가진 부처님은 항상 중생 곁에서 갖가지 모습으로 중생을 구제합니다.

보살은 법화경의 가르침을 널리 알려 중생을 돕고 제도하므로, 중생은 이런 보살에 의지하여 구제받을 수 있습니다.

법화경에서 유래한 것으로 간주되는 중요한 교리와 신앙도 위와 같은 요지들 중의 어느 하나와 연관되기 마련입니다. 이제 그러한 요지를 설명하는 핵심적인 법문을 중심으로, 법화경의 중요한 교리와 신앙을 살펴보도록 하겠습니다.

1. 부처님이 출현한 목적

우리가 사는 세상에는 무수한 생명체가 있습니다. 숫자로 보면 그 중에서 인간으로 태어난 것은 참으로 큰 행운입니다. 그래서 불전에도 인간으로 태어난다는 것이 얼마나 큰 행운이고 희귀한 일인지를 묘사하는 유명한 비유가 있습니다.

묘법연화경에서는 똑같은 꽃을 우담화, 우담발화, 우담발라화 등으로 부르고 있습니다. 이 꽃의 본명은 '우둠바라'입니다. 그런데 불전에서는 매우 희귀한 일을 비유로 설명할 때 흔히 이 꽃을 예로 듭니다. 우둠바라꽃은 3천 년 동안에 단 한 번 핀다고 합니다. 인간으로 태어나는 것도 이와 같이 희귀한 일입니다. 바다 속을 헤매는 눈먼 거북이가 우연히 물 위에 떠다니는 널빤지 위에 올라가서 쉴 수 있게 된 것을, 인간으로 태어난 것과 같다고 비유하는 이야기도 있습니다. 이 비유에서 눈먼 거북이는 100년 동안에 한 번 수면 위로 떠오르다가 마침 그 자리에 떠다니는 널빤지의 구멍 사이로 올라온다고 합니다. 만약 눈먼 거북이가 떠오를 때 물 위에 떠다니는 널빤지가 없다든가, 혹은 있더라도 그 구멍에 맞추어 올라올 수 있는 행운을 갖지 못한다면, 그 거북이는 수천 년 혹은 수만 년이 지나도록 널빤지 위에서 쉴 기회를 갖지 못할 수도 있습니다.

인간으로 태어난다는 것이 이와 같이 어렵고 희귀한 일이라면, 인간들 중에서도 부처로 태어난다는 것은 얼마나 희귀하고 특별한 일이겠습니까? 모든 일에는 다 이유가 있는 법입니다. 부처님이 출현한 것과 같은 희귀한 일에는 더욱 특별한 이유가 있겠지요.

법화경에서는 부처님의 출현을 '일대사인연'이라는 말로 설명합니다. 일대사인연이라는 말은 본래 '극히 중대한 일을 위해'라는 의미를 갖고 있습니다. 그러므로 부처님이 일대사인연으로 출현한다는 것은, 부처님이 극히 중대한 일을 수행하려는 목적으로 이 세상에 출현한다는 것을 가리킵니다.

그렇다면 극히 중대한 일이란 무엇일까요? 결론부터 한마디로 말하자면, 그것은 중생들이 여래(부처님)의 진실한 통찰을 얻게 하는 것입니다. 법화경에서는 이것을 더욱 자세하게 네 가지로 제시합니다. 첫째는 여래의 진실한 통찰을 중생들에게 드러내는 것입니다. 둘째는 여래의 진실한 통찰을 중생들에게 이해시키는 것입니다. 셋째는 여래의 진실한 통찰을 중생들이 깨닫게 하는 것입니다. 넷째는 중생들이 여래의 진실한 통찰에 도달하는 길로 들어가게 하는 것입니다.

이와 같이 부처님이 출현한 목적을 설명하는 것은 법화경의 제2 방편품에 나오는 유명한 법문입니다. 그런데 이것은 곧 부처님이 법화경을 설법한 목적이기도 합니다. 다시 말해서 부처님은 본격적인 법문을 시작하면서, 무엇보다도 먼저 이 법문의 목적을 천명한 것입니다. 그렇기 때문에 이 법문은 특별히 중요한 뜻을 품고 있습니다. 앞으로 부처님의 법문은 여러 가지로 전개될 것이지만, 그 궁극적인 목적은 모든 중생에게 성불할 수 있는 지혜(지견)를 제공하는 것입니다. 이것이 법화경의 목적이고, 부처님은 이 목적을 실현하기 위해 세상에 출현했습니다.

이제 이 법문을 경전에 표현된 그대로 감상해 보겠습니다. 우선 범어로 된 원문을 번역하여 소개합니다. 법문의 내용을 이해하기로는 이것이 묘법연화경의 한문을 번역한 것보다 쉬울 것입니다.

사리불아, 여래는 어느 땐가 어느 곳에서야 이 같은 법을 설하느니라. 사리불아, 우둠바라꽃이 피는 것을 보기 어려운 것처럼 그와 같이 여래도 어느 땐가 어느 곳에서야 이 같은 법을 설하느니라. 사리불아, 나를 믿으라. 나는 진실을 말하고, 있는 그대로 말하며, 확실한 것을 말하느니라.

사리불아, 깊고 미묘한 뜻을 지닌 여래의 말은 이해하기 어렵다. 그것은 무엇 때문인가? 사리불아, 나는 다양한 해설, 설명, 표현, 비유를 사용하고 수십만의 여러 가지 교묘한 방편을 사용하여 법을 밝혔기 때문이니라.

사리불아, 바른 법은 추리의 범위를 벗어나 있어 추리할 수 없는 것이고, 여래만이 이해할 수 있는 것이니라. 그것은 무엇 때문인가? 사리불아, 완전한 깨달음을 얻어 존경받을 만한 여래는 유일한 목적 때문에, 유일한 과업 때문에, 위대한 목적 때문에, 위대한 과업 때문에 세상에 출현하느니라.

사리불아, 완전한 깨달음을 얻어 존경받을 만한 여래가 세상에 출현한 목적이 되는 여래의 유일한 목적, 즉 유일한 과업, 위대한 목적, 즉 위대한 과업이란 어떠한 것인가? 그 것은 곧 이러하느니라.

중생들에게 여래의 진실한 통찰을 얻게 하려는 목적으로, 완전한 깨달음을 얻어 존경받을 만한 여래는 세상에 출현하느니라. 중생들에게 여래의 진실한 통찰을 드러내려는 목적으로, 완전한 깨달음을 얻어 존경받을 만한 여래는 세상에 출현하느니라. 중생들에게 여래의 진실한 통찰을 이해시키려는 목적으로, 완전한 깨달음을 얻어 존경받을 만한 여래는 세상에 출현하느니라. 중생들이 여래의 진실한 통찰을 깨닫게 하려는 목적으로, 완전한 깨달음을 얻어 존경받을 만한 여래는 세상에 출현하느니라. 중생들이 여래의 진실한 통찰에 도달하는 길로 들어가게 하려는 목적으로, 완전한 깨달음을 얻어 존경받을 만한 여래는 세상에 출현하느니라.

사리불아, 바로 이것이 여래의 유일한 목적, 즉 유일한 과업, 위대한 목적, 즉 위대한 과업이며, 여래가 이 세상에 출현한 유일한 동기이니라.

한글대장경에 있는 묘법연화경은 구마라집이 한문으로 번역한 것을 다시 우리말로 옮긴 것입니다. 그런데 위의 법문을 한글대장경과 비교해 본다면, 상당한 차이를 느끼게 될 것입니다. 그 이유는 이미 구마라집과 묘법연화경을 설명하면서 소개한 것과 같습니다. 당장 여기서 예를 들자면, 범어 원문에서는 "완전한 깨달음을 얻어 존경받을 만한 여래"라는 호칭이 일곱 차례나 반복됩니다. 그러나 구마라집은 이것을 단지 '부처님' 또는 '부처님 세존'으로 간략하게 번역했습니다. 또한 "유일한 목적, 즉 유일한 과업, 위대한 목적, 즉 위대한 과업"으로 반복되는 구절을 구마라집은 '일대사인연'이라는 한마디로 의역했습니다. 대부분의 독자들이 읽고 있는 법화경, 즉 묘법연화경은 이와 같은 번역으로 개량되어 있습니다. 그러나 바로 이 때문에 독자들은 우리말로 번역된 법화경에서도 종종 이해하기 어려운 말에

직면하기도 합니다.

구마라집의 묘법연화경에는 앞서 소개한 원문이 아래와 같이 번역되어 있습니다. 이것은 한글대장경에 번역된 것을 그대로 옮긴 것입니다.

이런 미묘한 법은 부처님 여래께서 때가 되어야 말씀하시는 것이니, 마치 우담바라꽃이 때가 되어야 한 번 피는 것과 같으니라. 사리불아, 너희들은 부처의 말을 반드시 믿을지니 그 말은 허망하지 않느니라.

사리불아, 모든 부처님께서 말씀하시는 법은 그 뜻이 이해하기 어려우니라. 왜냐하면 내가 무수한 방편과 가지가지 인연과 비유와 이야기로 법을 연설하지만, 이 법은 생각이나 분별로는 능히 이해할 수 없는 것이니, 오직 부처님들만이 아시느니라. 부처님 세존들께서는 다만 일대사인연(一大事因緣)으로 이 세상에 출현하시기 때문이니라.

사리불아, 어찌하여 부처님 세존들께서는 다만 일대사인연으로써 이 세상에 출현하신다고 말하느냐? 부처님 세존들께서는 중생으로 하여금 부처님의 지견(知見)을 열어[開] 청정케 하려고 세상에 출현하시며, 중생에게 부처님의 지견을 보이려는[示] 연고로 세상에 출현하시며, 중생으로 하여금 부처님의 지견을 깨닫게 하려는[悟] 연고로 세상에 출현하시며, 중생으로 하여금 부처님의 지견의 도에 들게 하려는[入] 연고로 세상에 출현하시느니라.

사리불아, 이것을 부처님들께서 일대사인연 때문에 세상에 출현하시는 것이라 하느니라.

위의 번역에서는 일대사인연을 개(開), 시(示), 오(悟), 입(入)이라는 네 글자로 설명합니다. 법화경 연구에서 '개시오입'이라는 전문어가 통용된 것은 여기서 유래합니다. 그러나 법문의 내용으로 보면 이것들의 의미는 그다지 어려울 것이 없습니다. 더 나아가 일대사인연이라는 말의 본래 의미도 '유일하고 위대한 목적이자 과업'으로 간단합니다. 그리고 이 말의 의도는 법화경의 법문을 들을 사람에게 새로운 각성과 각오를 요구하는 것입니다. 왜냐하면 법화경은 이제까지 알고 있었던 것과는 다른 특별한 가르침이기 때문입니다. 그래서 틀에 박힌 생각에 젖어 있는 사람들은 법화경의 가르침을 무작정 거부할 수도 있을 것입니다. 이런 사정을 고려하면, 법화경을 처음으로 설하거나 듣는 것은 일대사인연이 됩니다. 실제로 법화경에서는 그런 사정을 먼저 밝혀 두고 있습니다.

방편품의 서두에서 부처님은 일대사인연의 법문을 시작하기 전에 사리불에게 일종의 유의사항과 같은 것을 전달합니다. 이에 의하면 부처들의 지혜는 매우 깊고 무량합니다. 그런 만큼 그 지혜의 문은 이해하기도 어렵고 들어가기도 어렵습니다. 특히 남의 가르침에만 의지하여 깨달음을 추구하는 성문이나 혼자 깨달아 그 깨달음에 안주하는 벽지불이라면 그것을 얻기는 더욱 어렵습니다.

성문과 벽지불은 다른 사람들을 제도하거나 이롭게 하려고 노력하지는 않는다는 점에서 보살과는 다릅니다. 성문과 벽지불은 이제까지 자기들이 듣거나 깨달은 것에 만족하고, 이것이 부처의 모든 가르침이라고 생각하고 있습니다. 그래서 이들은 부처님이 사리불에게 한 말에 의문을 가지게 됩니다. 사리불은 이들의 의문을 풀어 주려고 부처님께 그 이유를 설명해 달라고 간청합니다. 그러나 부처님은 이에 대답하지 않다가, 나중에는 대답하지 않는 이유만을 알려 줍니다. 그 이유는, 스스로 깨달은 체하고 교만에 빠진 자들은 아무리 설명해 주어도 알아 듣지 못하고 믿지 않을 것이기 때문이라는 것입니다.

이때 청중들 중에서 5천 명에 이르는 남녀 출가자와 남녀 재가자들이 곧바로 자리에서 일어나 퇴장해 버립니다. 이들은 아직 듣지 않은 것을 이미 들었다고 생각하고, 아직 증득하지 못한 것을 이미 증득했다고 생각하여 교만에 빠진 사람들입니다. 부처님은 이들이 퇴장한 후에 본격적인 설법을 시작합니다. 이것이 바로 일대사인연의 법문입니다.

고루한 생각에 빠져 있는 사람, 특히 자기가 알고 있는 것만을 최고로 여기고 고집하는 사람에게 법화경의 법문은 일대사인연이 될 수 없습니다. 이런 사람은 법화경에서 갖가지 방편으로 가르치는 일승이라는 묘법을 이해하려 하지 않을 것이기 때문입니다. 방편을 받아들일 수 있는 열린 마음을 지닌 사람만이 법화경을 설하는 부처님의 일대사인연에 동참할 수 있습니다. 그래서 부처님은 이런 자세를 갖춘 청중에게 비로소 다음 법문으로 일대사인연의 진수를 설명합니다. 그것은 곧 방편과 진실입니다.

2. 삼승은 방편, 일승은 진실

⟦ 일승 ⟧

흔히 법화경의 교리 중 첫째로 꼽는 것은 일승입니다. 일승은 곧 불승이기도 합니다. 일불승은 이 같은 뜻으로 일컫는 말입니다. 여기서 승(乘)은 해탈로 인도하는 탈것을 의미합니다. 물론 탈것은 의지할 수단이나 방도를 비유합니다. 이러한 탈것으로는 여러 가지가 있습니다. 이것들 중에서 오로지 하나만을 일컫는 것이 일승이고, 세 가지를 일컫는 것은 삼승입니다. 그리고 부처님이 해탈의 방도로 가르친 것은 불승으로 불립니다. 즉 부처님만을 믿고 따르는 것은 불승이 됩니다. 그러므로 일불승은 "해탈로 인도하는 유일한 탈것은 불승"이라는 뜻을 담고 있습니다.

앞에 소개한 법문을 '일대사인연의 법문'이라고 했듯이, 일승을 가르치는 부처님의 말씀은 '일불승의 법문'이라 할 수 있습니다. 이 법문의 취지는 한 구절로 간결하게 "삼승이 모여 일승으로 돌아간다"거나 "삼승을 열어 일승을 드러낸다"거나 "방편을 열어 진실을 드러낸다"라고 표현되어 왔습니다. 이런 표현을 종합하면, 한마디로 "삼승은 방편이고 일승은 진실이다"라고 가르치는 것이 일불승의 법문입니다.

우선 이 법문을 소개합니다. 법화경의 범어 원문에서 발췌한 내용은 다음과 같습니다.

사리불아, 오직 일승을 파악하여 중생들에게 내가 설하는 이 법이 곧 불승이니라. 사리불아, 둘째 혹은 셋째의 탈 것은 어떠한 것도 없느니라. 사리불아, 이것이 온갖 방면의 세계에서 어디에나 있는 법의 본질이니라.

그것은 무엇 때문인가? 사리불아, 과거세에도 헤아릴 수 없이 무수한 온갖 방면의 세계에서, 완전한 깨달음을 얻어 존경받을 만한 여래들이 많은 사람들의 이익을 위해, 많은 사람들의 행복을 위해, 세상을 연민하여, 대중의 번영을 위해, 신들과 인간들의 이익과 행복을 위해 출현해 있었느니라.

그들은 다양하게 부연하고 해설하는, 즉 원인과 수단을 제시하고 근거를 해석하는 여러 가지 교묘한 방편으로써, 성향이 저마다 다르고 소질과 의지가 저마다 다른 중생들의 사고방식을 알고서 법을 설했던 것이니라.

또한 사리불아, 부처들인 그 모든 세존들이 오직 일승을 파악하여 중생들에게 설했던 이 법이 모든 것을 알게 되는 것으로 완결될 때, 이것은 바로 불승이 되느니라.

여기서 이 법문의 마지막 구절은 첫째 구절을 다시 설명한 것입니다. 이에 따르면 일승은 곧 불승이 됩니다. 왜냐하면 중생이 일승에 의지하여 모든 것을 알게 되는 경지에 도달할 때, 그 일승은 불승으로 불리기 때문입니다. 구마라집이 묘법연화경에서 일승과 불승을 분리하지 않고 '일불승'이라고 번역한 이유가 여기에 있습니다. 즉 한글대장경에는 이 법문이 다음과 같이 번역되어 있습니다.

사리불아, 여래는 다만 일불승(一佛乘)만을 위하여 중생들에게 말하는 것이지, 다른 2승(乘)이나 3승은 없느니라. 사리불아, 모든 시방세계 여러 부처님들의 법도 역시 그러하니라.

사리불아, 과거의 여러 부처님들께서 한량없고 수없는 방편과 가지가지 인연이나 비유의 이야기로 중생을 위하여 법을 연설하셨으니, 이 법이 다 일불승을 위한 것이니라. 그러므로 모든 중생들이 부처님을 따라 법을 듣고 필경에는 모두 일체종지(一切種智)를 얻었느니라. 사리불아, 미래의 여러 부처님들께서 세상에 출현하시면 한량없고 수없는 방편과 가지가지 인연과 비유의 이야기로 중생을 위하여 연설하시리니, 이 법이 다 일불승을 위한 것이니라.

그러므로 모든 중생들이 부처님을 따라 법을 듣고 필경에는 모두 일체종지를 얻을 것이니라. 사리불아, 현재의 시방에 한량없는 백천만억 불국토에 부처님 세존들이 이익케 함이 많아서 중생들을 안락케 하나니, 이 부처님들도 한량없고 수없는 방편과 가지가지 인연과 비유의 이야기로 중생을 위하여 법을 연설하시나니, 또한 이 법도 다 일불승을 위한 것이니라.

부처님은 계속하여 위와 같은 일불승의 법문이 미래와 현재의 부처들에게도 적용된다고 설법합니다. 그리고 이 적용은 다음과 같이 모든 중생에게까지 미칩니다.

사리불아, 나의 이러한 법을 듣는 중생들도 모두 최상의 완전한 깨달음을 얻는 자가 될 것이니라. 따라서 사리불아, 이 법문으로 "온갖 방면의 세계 그 어디에도 둘째의 탈것은 설정되어 있지 않으니, 셋째의 탈것이야 더 말할 나위도 없다"라고 그와 같이 알아야 하느니라.

이상과 같은 법문에 의하면 일승, 즉 불승에 의지하여 모든 중생은 성불할 수 있으므로 일승이야말로 진실한 방도입니다. 더욱이 위의 법문에서 부처님은 일승이 아닌 다른 방도가 따로 있는 것은 아니라고 역설합니다. 그렇다면 일승이 아닌 다른 방도는 버리거나 무시해도 좋지 않을까요? 그러나 부처님은 반드시 그런 것은 아니라고 가르칩니다. 왜냐하면 삼승은 중생을 구제하기 위한 교묘한 방편이기 때문입니다. 이제 부처님은 다음 법문으로 그러한 이유를 설명합니다.

〖 삼승 〗
일승이 진실한 방도이긴 하지만, 그렇다고 하여 삼승이 쓸모없는 것은 아닙니다. 오히려 일승을 구현하기 위해 삼승은 쓸모가 있습니다. 타락한 시대에는 진실도 제모습을 드러내지 못합니다. 사람들은 이미 진실을 그대로 이해하고 따를 능력을 상실했기 때문입니다. 이것이 바로 중생의 세상입니다. 이런 세상의 중생은 법화경의 유명한 비유처럼, 불난 집 속에서 불난 줄도 모른 채 놀고 있는 어린애와 같습니다. 이런 어린애와 같은 중생을 구제하기 위해서는 응급수단이 필요합니다. 법화경에서는 이 응급수단을 '교묘한 방편'이라고 합니다. 삼승이 바로 응급수단인 교묘한 방편입니다.

아래에 소개하는 법문에서 부처님은 불승을 얻게 하려는 세 가지 처방이 곧 삼승이라고 가르칩니다. 아래의 법문도 범어로 된 원문을 번역한 것입니다.

그러나 또한 사리불아, 실로 완전한 깨달음을 얻어 존경받을 만한 여래들은 시대가 타락할 때 출현하느니라. 혹은 중생이 타락할 때, 혹은 번뇌가 만연할 때, 혹은 견해가 타락할 때, 혹은 수명이 단축될 때 출현하느니라.

사리불아, 이와 같은 양상으로 시대가 혼란스럽고 타락하여 많은 중생들이 착한 근성을 거의 상실하고 탐욕스럽게 되는 그때에, 사리불아, 완전한 깨달음을 얻어 존경받을 만한 여래들은 오직 하나인 그 불승을 교묘한 방편으로, 즉 삼승이라는 세목으로 교시하느니라.

이 경우에 사리불아, 불승을 얻게 하려는 여래의 이 처방을 듣지 않고, 이해하지 않고, 깨닫지 않는 성문들이나 아라한들이나 벽지불(홀로 깨달은 자)들이 있을 것이니라. 사리불아, 바로 이들은 여래의 성문이 아니라고 알아야 할 것이며, 아라한도 아니고 벽지불도 아니라고 알아야 할 것이니라.

여기서는 먼저 세상이 타락한 양상을 다섯 가지로 제시합니다. 불교 용어로는 이것을 5탁(濁)이라고 합니다. 겁탁, 중생탁, 번뇌탁, 견탁, 명탁이 5탁입니다. 위의 법문에서 열거하는 순서대로 시대가 타락한 것은 겁탁, 중생이 타락한 것은 중생탁, 번뇌가 만연한 것은 번뇌탁, 견해가 타락한 것은 견탁, 수명이 단축된 것은 명탁입니다.

좀더 자세히 설명하자면 겁탁은 자연 재해, 기근, 역병, 전쟁 따위로 시대나 사회가 악을 초래하는 것입니다. 중생탁은 인간의 품성, 특히 도덕과 윤리가 퇴보하는 것입니다. 번뇌탁은 탐욕과 증오 따위의 번뇌가 치성해지는 것입니다. 견탁은 사악하고 그릇된 생각이나 주장이 난무하는 것입니다. 명탁은 인간의 수명이 짧아지는 것입니다.

이러한 5탁으로 타락한 세상에서는 중생을 구제하기 위한 응급수단이나 특별한 처방이 필요합니다. 이런 세상에서는 유일한 진실인 불승이 통하지 않습니다. 그래서 이런 세상에 출현한 여래(부처)들은 불승을 대신할 수 있는 세 가지 처방으로 삼승을 가르칩니다. 셋 중에 어느 것을 선택하여 따를 것인지는 중생 각자의 성향이나 능력에 달려 있습니다. 선택의 폭은 그만큼 커졌지만, 어느 것이든 성실하게 그 처방을 따른다면 결과는 동일합니다. 그 동일한 결과가 바로 불승입니다.

다만 앞의 법문에서는 삼승을 낱낱이 열거하지는 않았습니다. 자칫하면 성문과 아라한과 벽지불을 삼승으로 오인할 수도 있습니다. 그러나 법문에서 말하는 아라한은 삼승에 포함되지 않습니다. 아라한은 원래 성문으로 출발하여 뛰어난 경지에 도달한 성자를 일컫습니다. 그리고 모든 불제자는 부처님의 가르침을 배우는 성문으로 출발합니다. 그러므로 아라한이든 성문이든 부처님의 제자이기는 마찬가지입니다. 벽지불은 부처님께 배우지 않고서도 혼자서 깨달음을 성취한 성자입니다. 이 중에서 성문과 벽지불은 삼승에 포함됩니다. 그렇다면 삼승에 포함되는 다른 하나는 무엇일까요? 가장 무난한 답은 보살입니다.

바로 앞의 마지막 법문에 의하면, 부처님이 삼승을 설한 목적은 불승을 얻게 하려는 데 있습니다. 그런데 부처님의 참뜻을 외면한 채 자기도취에 빠져 안주하는 성문, 아라한, 벽지불도 있을 것입니다. 이런 부류라면 이들은 삼승에서 제외됩니다. 그래서 부처님은 이들을 가리켜 여래의 성문(제자)도 아니고, 아라한도 아니며, 벽지불도 아니라고 말씀한 것입니다. 여기서 부처님은 보살은 거론하지 않습니다. 그 이유가 무엇일까요? 보살이라면 방편을 설하는 부처님의 참뜻을 외면할 리가 없기 때문입니다. 보살은 진즉부터 성불할 수 있는 공덕을 쌓아 왔으므로 불승을 구현하는 데 가장 적임자입니다.

일불승의 법문에서 부처님이 교묘한 방편이라고 말씀한 삼승이란 일단 성문승, 벽지불승(또는 연각승, 독각승), 보살승을 가리킵니다. 그러나 이 중에서 성문이나 벽지불이 저마다 체득한 경지에만 머물러 있을 경우, 성문승과 벽지불승은 방편으로서의 쓸모가 없게 됩니다. 그들이 일차적으로는 보살승으로 나아가고 마침내는 불승으로 합류할 수 있어야 성문승과 벽지불승도 교묘한 방편이 됩니다. 그래서 구마라집은 앞에 소개한 법문의 마지막 구절을 다음과 같이 번역했습니다.

사리불아, 만일 나의 제자들이 스스로 생각하기를, '아라한이나 벽지불을 얻었노라' 하면서, 부처님 여래들께서 보살을 교화하시는 것을 듣지 못하고 알지 못하니, 이들은 부처님의 제자도 아니고, 아라한도 아니며, 벽지불도 아니니라.

방편은 진실한 목적을 달성하는 수단이 될 때라야 그 가치가 인정됩니다. 그래서 방편을 사용할 때는 그 취지와 목적을 먼저 이해하고 있어야 합니다. 이것이 방편의 전제 조건입니다. 이 전제 조건을 갖추지 못하는 것은, 손가락으로 달을 가리키는데 달은 보지 않고 손가락만 보고 있는 것과 같습니다. 이 비유에서 손가락은 삼승이고 달은 일불승입니다. 방편과 진실의 관계도 이와 같이 이해할 때, 우리는 방편(삼승)에 의지해서 진실(일불승)을 구현할 수 있습니다. 이와 같은 사실을 역설한 것이 일불승의 법문입니다.

｜【 방편 】｜

우리가 불교에서 말하는 방편의 참뜻을 바르게 이해하여 활용할 때라야 방편은 우리에게 유익한 수단이 됩니다. 일불승의 법문에서 특히 유의할 사항은 바로 이것입니다. 우리가 방편이라는 사실을 이해하고서 방편에 의지할 때면, 그 방편은 결과적으로 진실과 다르지 않게 됩니다. 그러나 그렇게 이해하지 못한 채 방편에 맹목적으로 의지할 때면, 방편은 오히려 없느니만도 못하게 됩니다.

불교의 초기 경전에서부터 방편은 목적을 달성하기 위한 '적절한 수단'으로 중요하게 취급되어 왔습니다. 그래서 심지어는 부처님의 모든 가르침도 하나의 방편이라고 말하는 것이 허용될 수 있습니다. 왜냐하면 부처님의 모든 가르침은 중생을 구제하는 데 적절한 수단이기 때문입니다. 다만 이런 경우의 방편은 사람들을 고통으로부터 구제하려는 자비심에서 우러나온 것이기 때문에, '교묘하고 어진 방편'으로 불립니다. 그러므로 불교에서 허용하는 방편은 남을 이롭게 하려는 좋은 목적으로 사용하는 방편입니다.

우리가 일상에서 흔히 말하는 방편은 '어떤 목적을 위해 사용하는 편의적인 수단'을 가리킵니다. 이런 방편은 경우에 따라서는 진실이 아닌 것 또는 거짓도 동원하여 목적 달성의 수단으로 사용됩니다. 이 때문에 방편의 가치와 정당성은 목적의 성격에 달려 있습니다. 개인의 이익과 욕심을 채우기 위해 사용한 수단은 불교에서 허용하는 방편이 아닙니다. 불교의 방편은 어디까지나 교묘하고 어진 방편입니다. 이것은 남을 이롭게 하려는 좋은 목적을 갖기 때문에 '어진 방편'입니다. 또한 이것은 간혹 거짓도 동원하지만 남을 이롭게 하는 결과를 낳기 때문에 '교묘한 방편'입니다.

법화경에서는 여러 가지 비유를 이 같은 방편으로 사용합니다. 몇 가지 예를 들자면 불난 집의 비유, 가난한 아들의 비유, 가짜 도성의 비유, 의사의 자식들의 비유에서는 잠시 거짓을 구제의 수단으로 사용합니다. 그러나 그 덕분에 구제되었다는 사실을 알아차리고 나면 모두들 그 거짓을 훌륭한 방편으로 인정하게 됩니다. 이때 방편은 진실과 다를 바 없는 것이 됩니다.

불교에서 방편의 목적은 더 말할 것도 없이 성불, 즉 부처가 되는 것입니다. 부처가 된다는 것은 세상의 모든 이치와 도리를 깨달아, 생각하고 행동하는 것도 이에 어긋나지 않게 된다는 것입니다. 이것을 다른 말로는 해탈이라고도 하고 열반이라고도 합니다. 그리고 이것은 탐욕과 증오와 미혹으로 인한 모든 번뇌 또는 정신적 속박으로부터 해방된 상태입니다. 부처님의 모든 가르침은 중생을 이 같은 상태로 데려다 주는 탈것과 같습니다. 이 때문에 일찍이 석가모니 부처님은 그러한 탈것을 뗏목으로 비유하였습니다. 초기의 경전에 나오는 이 유명한 비유는 방편의 목적과 용도를 설명한 것이기도 합니다. 부처님과 비구들 사이의 문답으로 이루어진 이 비유의 줄거리는 다음과 같습니다.

어떤 나그네가 긴 여행 끝에 바닷가에 도착하고 나서 이렇게 생각했느니라. '바다 건너 저쪽은 평화로운 땅이다. 그러나 배가 없으니 어떻게 갈까? 갈대나 나무로 뗏목을 엮어 건너가야지.' 그래서 그 나그네는 뗏목을 만들어 무사히 바다를 건넜느니라. 그리고 그는 다시 이렇게 생각했느니라. '이 뗏목이 아니었다면 바다를 건널 수 없었을 것이다. 이 뗏목은 내게 큰 도움을 주었으니 내가 이 뗏목을 메고 가야겠다.' 너희들은 어떻게 생각하느냐?

부처님의 질문에 비구들이 한결같이 뗏목을 메고 갈 필요가 없다고 대답했습니다. 그러자 부처님은 다음과 같이 말씀하셨습니다.

"그러면 그 나그네가 어떻게 해야 자기의 할 일을 다하게 되겠느냐? 그는 바다를 건너고 나서 이렇게 생각해야 할 것이니라. '이 뗏목 덕분에 나는 바다를 무사히 건너 왔다. 다른 사람들도 이 뗏목을 이용할 수 있도록 물에 띄워 놓고 나는 내 갈 길을 가자.' 이와 같이 하는 것이 그 뗏목에 대해서 할 일을 다하게 되는 것이니라. 나는 교법을 배워 그 뜻을 안 후에는 버려야 하며, 결코 거기에 집착하지 말아야 한다는 것을 말하기 위해 뗏목을 비유로 들었느니라. 너희들은 이 뗏목처럼 내가 말한 교법까지도 버리지 않으면 안 되느니라. 하물며 법이 아닌 것이야 더 말할 나위가 있겠느냐."

이 설법에서 부처님은 목적지에 도달하고 나면 뗏목을 버리라고 가르치고 있습니다. 그러나 뗏목을 버려야 하는 이유는 다른 사람들도 사용하게 하려는 데 있습니다. 내가 뗏목을 타고 목적지에 도달했듯이, 다른 사람들도 그 뗏목을 사용할 수 있도록 그곳에 두어야 합니다. 이 경우에 뗏목은 모든 사람들을 이롭게 하는 공유 수단입니다. 방편이 바로 이와 같이 모든 중생에게 유익한 공유 수단입니다.

다시 법화경의 법문으로 돌아가면, 부처님은 온갖 부류의 중생들이 저마다 적절하게 사용하여 성불할 수 있도록 여러 가지 방편을 설했습니다. 그러므로 방편은 일차적으로 중생을 배려하는 자비심의 소산물입니다. 그러나 아무런 방편이나 성불로 인도하는 실효를 거둘 수 있는 것은 아닙니다. 지혜로운 방편만이 실효를 거둘 수 있습니다. 부처님의 지혜로 고안된 방편이 지혜로운 방편이고, 이것을 '교묘한 방편'이라고 합니다. 이와 같이 자비와 지혜를 구비하여 고안된 것이 '교묘하고 어진 방편'입니다. 특히 법화경의 법문에서 여래들이 설했다고 하는 방편은 이런 것입니다. 그리고 이런 방편은 다음과 같은 조건을 갖추고 있습니다.

첫째, 방편은 쓸모에 통달한 자가 사용하는 지혜로운 수단입니다. 그러므로 '교묘한'이라는 말은 '쓸모에 통달한'이라는 말과 같습니다. 이것은 방편을 사용하는 자의 조건입니다. 이 조건을 갖출 때 방편은 항상 실효를 거두는 수단이 됩니다.

둘째, 방편은 항상 타인을 이롭게 하려는 목적으로 사용됩니다. 다시 말해서 타인을 구제하려는 의지가 방편의 선행 조건이 됩니다. 그리고 이 경우에는 방편을 적용할 상대방이 어떤 처지에 있고 어떤 생각을 갖고 있는지를 먼저 고려해야 합니다.

셋째, 방편은 그 자체가 목적이 될 수는 없습니다. 방편은 어디까지나 일시적인 수단으로서 목적을 달성할 때까지만 유효합니다. 이 때문에 방편은 타락한 세상에서 목적을 달성하지 못한 중생들에게 꼭 필요한 효과적인 수단이 됩니다. 더욱이 이 경우에는 중생의 부류가 다양한 만큼 방편도 여러 가지가 필요합니다. 법화경에서는 그 여러 가지를 크게 셋으로 집약했는데, 이것이 곧 삼승입니다.

그러나 우리가 가장 지나치기 쉬운 것은 위의 조건들 중 셋째입니다. 타락한 세상에서 살고 있는 중생인 우리는 수단과 목적을 혼동하기 쉽기 때문입니다. 세상이 타락하면 중생도 타락하기 마련입니다. 그래서 무지한 중생은 방편의 취지와 목적을 마음에 새겨 두지 않고, 방편에만 집착하다가 방편을 목적으로 착각하기 일쑤입니다. 그래서 일불승의 법문에서 부처님은 이런 결과가 되지 않도록 경계한 것입니다. 우리가 삼승이라는 방편을 따르면서도 부처님의 그 경계를 항상 명심한다면, 우리도 마침내 부처가 될 것입니다.

【 수기 】

법화경에서 부처님은 많은 제자들과 청중에게 미래에 부처가 될 것이라고 예언으로 선포합니다. 이것이 부처님의 수기입니다. 따지고 보면 이 수기도 일종의 방편입니다. 법화경의 제8 오백제자수기품에서 부처님은 5백의 제자들을 비롯한 다른 모든 성문들이 결국은 부처가 될 것이라고 선포합니다. 이뿐만 아니라 부처님은 마하가섭에게 그 자리에 모이지 않은 이들에게 가서 그들도 부처가 될 것임을 알려 주라고 부탁합니다. 만약 부처님의 이런 수기를 진지하게 받아들인 사람이라면, '나도 부처님의 제자요 자식이구나'라고 자각하게 될 것입니다. 이런 자각을 일으킨 사람은 이미 일승 또는 불승이 진실이라는 것을 알아차린 셈입니다. 그래서 그가 이제부터 그 진실을 성취하기 위해 노력한다면, 이 노력은 일승으로 나아가는 방편이 될 것입니다.

법화경에서 부처님이 성불을 예언하는 수기로써 모든 중생을 교화하려고 한 것은 관용의 정신을 드러낸 것입니다. 그러나 한편으로 방편을 바르게 이해하지 못하여 수단과 목적을 혼동하면 부처가 될 수 없습니다. 이것은 부처님의 가르침이 엄격하게 적용된다는 것을 드러냅니다.

법화경의 법문에는 이처럼 관용과 엄격함이 어우러져 있습니다. 그러나 이 중 엄격함보다는 관용으로 모든 중생을 제도하려는 것이 법화경의 기조입니다. 왜냐하면 부처님은 일승만이 진실이라고 가르치지만, 이와 동시에 다양한 견해와 노선도 삼승이라는 방편으로 허용하기 때문입니다. 요컨대 부처님의 가르침을 믿고 따르는 자세를 견지하는 한, 이런 자세는 결국 일승과 합류하게 됩니다. 수기는 이런 자세를 함양하는 데 효과적인 방편입니다.

이제까지 소개한 일대사인연의 법문과 일불승의 법문은 제2 방편품의 내용을 형성합니다. 방편품의 말미에는 이 법문들의 요지가 게송으로 첨부되어 있습니다. 묘법연화경을 애독했던 사람들은 이 게송 중에서 아래에 소개한 구절을 가장 좋아했습니다. 그 이유는 아마 부처가 될 것이라는 수기에 감동을 받아 삼승과 일승의 관계를 마음 깊이 새길 수 있었기 때문일 것입니다.

　　모든 것은 본래부터 항상 저절로 적멸의 상태이니
　　부처의 자식들도 그 도를 닦아 내세에는 부처되리라.
　　나는 방편을 구사하여 삼승의 법을 열어 보이지만
　　모든 세계의 부처들은 모두 일승의 도를 설하도다.

　　이 법문을 듣고서도 성불하지 않는 자는 아무도 없으리라.

　이것은 구마라집이 번역한 것을 우리말로 옮긴 것입니다. 범어로 된 원문으로부터 이것을 다시 번역하면 다음과 같습니다. 여기서는 그 의미가 더욱 생생하게 전달될 수 있을 것입니다.

　　이 모든 것들은 항상 평안하고 본래 고요하다고 나는 이처럼 말하느니
　　저 부처의 자식은 수행을 완성하여 미래에는 승리자가 될 것이니라.
　　내가 세 가지 탈것을 제시한 것은 나의 그 같은 교묘한

방편일 뿐이니

　탈것은 하나요 원리도 하나이며 지도자들의 가르침도
바로 하나이니라.

　그(여래)들의 가르침을 듣고서 부처가 되지 않는 중생은
아무도 없으리라.

3. 법사의 자세와 사명

　법사는 부처님의 가르침을 널리 알리는 데 주력하는 사
람입니다. 쉽게 말하면 설법하는 사람이 법사입니다. 그러
므로 불교를 가르치는 사람은 스님이든 속인이든 모두 법
사로 불릴 수 있습니다. 이 같은 법사의 유래는 법화경보다
이전으로 거슬러 올라갑니다. 기원전 2세기 무렵에는 불탑
을 찾아오는 신자들을 위해 부처님을 칭송하고 경전을 암
송하면서 이들에게 설법도 했던 사람들이 있었습니다. 법
화경과 가장 밀접한 유래를 찾자면, 바로 이들이 법사의 전
신이었을 것입니다. 그러나 그 당시에는 이런 사람들의 지

위나 역할이 상당히 애매했습니다.

나중에 대승불교의 경전에서 법사는 부처님의 가르침을 전파하는 보살로 불리게 됩니다. 대승불교에 이르러 법사의 고유한 역할과 지위가 인정되었던 것입니다. 그래서 대승의 여러 경전에서는 법사들을 경멸하지 말고 존중해야 한다고 가르칩니다. 법사에 대한 이와 같은 인식을 가장 잘 드러낸 것이 법화경입니다. 예를 들어 제10 법사품에서 법사는 여래의 심부름꾼이라는 지위를 얻게 되고, 제19 법사공덕품에서 법사는 부처와 같은 능력을 공덕으로 갖게 됩니다. 그러나 법화경에서 이와 같이 칭송되는 법사는 엄밀하게 말하면 오로지 법화경을 널리 퍼뜨리는 데 매진하는 전법사입니다. 그리고 여기서 유래한 것이 5종 법사입니다.

원래 5종 법사는 실제로 통용되는 지위가 아닙니다. 사실은 법화경에도 5종 법사라는 말은 없습니다. 그럼에도 불구하고 5종 법사는 법화경에서 유래한 것으로 잘 알려져 있습니다. 예를 들어 일본의 유명한 불교사전에서도 5종 법사란 "수지(受持), 독(讀), 송(誦), 해설(解說), 서사(書寫)라는 5종의 수행을 하는 사람"이라고 설명하면서 법화경의 법사품을 그 출처로 제시합니다. 더욱이 언뜻 보면 5

종 법사라는 말은 다섯 부류의 법사가 저마다 다른 일을 하는 것으로 이해됩니다. 그러나 5종 법사란 법사가 하는 일을 다섯 가지로 열거한 것일 뿐입니다.

그런데 무슨 근거로 5종 법사가 법화경에서 유래한다고 공언하게 되었을까요? 그 이유는 중국의 천태대사가 법화경을 해설하는 책에서 이 말을 사용했기 때문입니다. 그렇다면 다시 천태대사는 무엇을 보고 5종 법사라는 말을 사용했을까요? 그 답은 묘법연화경의 법사품에 나오는 다음과 같은 구절들에서 찾을 수 있습니다. 아래는 한글대장경에 있는 번역입니다.

또 만일 어떤 사람이 묘법연화경의 한 게송이나 한 구절을 받아 가지고 읽거나 외우며 해설하고 쓰는 이나 …

만일 어떤 선남자 선여인이 이 경전을 받아 가지고 읽고 외우며 해설하고 쓰거나 …

이 구절에서 '받아 가지고' '읽고' '외우며' '해설하고' '쓰거나' 라는 말은 각각 수지(受持), 독(讀), 송(誦), 해설(解說), 서사(書寫)라는 한문을 번역한 것입니다. 천태대사는 이런 다섯 가지 일에 전념하는 사람을 5종 법사라고 설명했던 것입니다. 하지만 법화경의 원본에서든 구마라집의 묘법연화경에서든 이런 일을 다섯 가지로 특정하여 구분한 것은 아닙니다. 더욱이 법사가 하는 일을 반드시 그런 다섯 가지로만 열거하지 않을뿐더러, 간혹은 열거하는 순서도 다릅니다.

범어로 된 법화경의 원본에 의하면 5종 법사는 "법화경을 잘 간직하고 독송하고 외우고 해설하고 베껴 쓰는 사람"입니다. 한마디로 말하면 법화경을 완전히 독파하여 다른 사람에게 가르쳐 줄 수 있는 사람이 법사입니다. 이런 법사를 가장 상세하게 설명하자면 "이 법문으로부터 겨우 하나의 게송이라도 잘 간직하고, 독송하고, 해설하고, 체득하고, 베껴 쓰고, 베껴 써서 기억하고, 때때로 주의 깊게 음미하고자 하는 사람들"입니다. 이 설명은 법화경의 범어 원본에서 발췌한 것입니다. 법화경에서 부처님은 이런 사람들을 법사 또는 훌륭한 보살로 극구 칭찬합니다.

그러므로 이제 5종 법사는 다섯 가지 일을 따로따로 전담하는 법사를 가리키는 것이 아니라는 것을 알 수 있습니다. 5종 법사란 법화경을 믿고 따르는 신자의 자세를 다섯 가지로 열거한 것입니다. 여기서 중요한 것은 법화경에 대한 성실한 믿음입니다. 이 때문에 법화경에서 부처님은 그런 다섯 가지와 더불어 스승인 여래를 공경하고 공양하는 경건한 자세, 꽃이나 향이나 음악 등으로 법화경을 공양하고 경배하는 자세를 법사의 덕목으로 가르칩니다. 그리고 이런 법문의 목적은 이른바 법화 신앙을 고취하는 데 있습니다.

법사의 사명은 결국 법화경 자체를 절대적으로 신봉하고 홍보하는 것입니다. 이 사명을 완수하기 위해 법사는 5종으로 열거된 것과 같은 여러 가지 자세나 노력을 견지해야 합니다. 부처님이 칭찬할 뿐만 아니라 어디서나 보호하겠다고 약속하는 법사는 바로 이런 사람들입니다. 법화경의 범어 원문으로부터 번역하여 아래에 예시한 것과 같은 법문으로 이 점을 한눈에 알 수 있습니다.

그리고 또한 약왕이여! 열반에 들어간 여래의 이 법문을 믿고, 독송하고, 베껴 쓰고, 공경하고, 숭배하고, 다른 사람들에게 들려 줄 양가의 아들들이나 양가의 딸들은 여래의 옷으로 감싸인 자들이라고 알아야 하느니라. 다른 세계의 국토에 머무는 여래들이 그들을 지켜보고, 가호한다고도 알아야 하느니라. 또한 그들에게는 저마다 믿음의 힘과 착한 근성의 힘과 서원의 힘이 있을 것이라고 알아야 하느니라. 또한 약왕이여! 그 양가의 아들들이나 양가의 딸들은 여래의 안식처 중에서 한 장소에 머물게 될 것이며, 여래가 손으로 머리를 쓰다듬어 주는 자들이 될 것이라고 알아야 하느니라.

구마라집은 묘법연화경에서 이 법문을 더욱 간결하게 번역했습니다. 한글대장경에는 이것이 다음과 같이 번역되어 있습니다.

약왕이여, 반드시 알라. 여래 멸도하신 뒤에도 이 경을 받아 가지고 쓰거나 읽으며 외우고 공양하며 다른 사람을 위하여 설하는 이는, 여래께서 곧 옷으로 덮어 주실 것이며, 또 타방 세계에 계신 여러 부처님들로부터 보호를 받으리라. 이런 사람은 큰 신력(信力)과 지원력(志願力)과 여러 가지 선근력(善根力)이 있나니, 이런 사람은 여래와 더불어 머물며, 여래께서 손으로 그의 머리를 어루만지시는 것과 같으니라.

앞서 설명했던 것처럼 여기서도 물론 법사를 역할에 따라 구분하지는 않습니다. 법화경의 법문을 믿고 독송하고 베껴 쓰는 따위로 노력하는 양가의 아들이나 딸, 즉 선남자나 선여인이 법사인 것입니다. 그리고 이들은 여래 즉 부처님이 열반한 후에 법화경을 신봉하고 널리 퍼뜨리는 사람들입니다. 이런 사람들이라면 틀림없이 신앙심은 돈독할 것입니다. 그러나 이런 사람들을 모두 싸잡아 마냥 법사라고 칭찬한다면, 이것은 좀 막연하고 아무래도 석연치 않습니다. 위의 법문에서 공언한 것과 같은 칭찬과 보호를 받으려면 뭔가 특별한 조건이 있어야 할 것 같습니다. 이 짐작은 사실입니다.

법사품에서 부처님은 짐작한 대로 법사의 궤범으로 불릴 만한 것을 세 가지로 천명합니다. 이것은 위대한 뜻을 지닌 진정한 보살에게 부여된 세 가지 사명입니다. 부처님은 이 사명을 감수할 보살을 일컬어 여래사, 즉 부처의 심부름꾼이라고 합니다. 바로 이 여래사야말로 부처님의 칭찬과 보호를 받을 만한 진정한 법사일 것입니다. 부처님은 다음에 소개하는 법문으로 여래사 즉 법사의 사명을 설명합니다. 이 법문도 법화경의 범어 원문으로부터 번역한 것입니다.

약왕이여! 위대한 뜻을 지닌 자인 보살로서 어느 누구라도 여래가 열반에 들어가고 난 나중의 시대, 나중의 시절에 이 법문을 네 부류의 청중에게 설명하고자 한다면, 약왕이여! 위대한 뜻을 지닌 자인 그 보살은 여래의 방으로 들어가, 여래의 옷을 입고, 여래의 자리에 앉아, 이 법문을 네 부류의 청중에게 설명해야 할 것이니라.

약왕이여! 여래의 방이란 무엇인가? 약왕이여! 모든 중생을 위한 자비의 안식처야말로 여래의 방이니라. 그곳은 저 양가의 아들이 들어가야 할 곳이니라.

약왕이여! 여래의 옷이란 무엇인가? 약왕이여! 위대한 인내의 기쁨이야말로 여래의 옷이니라. 그것은 저 양가의 아들이나 양가의 딸이 입어야 할 것이니라.

약왕이여! 여래의 법의 자리란 무엇인가? 약왕이여! 모든 법의 공성(空性)에 들어가는 것이야말로 여래의 법의 자리이니라. 그곳은 저 양가의 아들이 앉아야 할 곳이니라.

그는 그곳에 앉아 이 법문을 네 부류의 청중에게 설명해야 할 것이니라.

이 법문에서는 세 가지 사명을 여래의 방, 여래의 옷, 여래의 자리로 비유했습니다. 그리고 이 셋은 각각 자비, 인내, 공성이라고 설명합니다. 그러므로 우선 요점만 추리면, 자비와 인내와 공성에 입각하여 법화경을 모든 불자에게 설명하는 보살이 바로 여래사입니다. 그리고 이 사명들이 앞에 소개한 법문에서도 지목한 '양가의 아들이나 양가의 딸'에게 부여된다는 점에서, 여래사는 법사에게 적용되는 자격이라는 것을 알 수 있습니다. 또한 여기서 말하는 '네 부류의 청중'이란 출가한 남녀 스님과 출가하지 않은 남녀 신자입니다. 이들을 모두 일컬어 4부 대중이라고 합니다.

세 가지 사명 중에서 자비란 사람을 불쌍히 여겨 돌보는 것입니다. 인내란 세상을 원망하지 않으며 참고 견디는 것입니다. 공성이란 어떠한 집착도 없이 광대무변의 세계에 몸을 맡기는 것입니다. 이 중에서는 '모든 법의 공성에 들어가는 것'이 가장 중요하지만, 그런 만큼 이해하기 어렵기도 합니다. 쉽게 말하자면, 모든 것은 실체가 없다고 깨달아 가는 것이 '모든 법의 공성에 들어가는 것'입니다.

법화경이 출현하기 이전에는 자비와 공성을 서로 차원이 다른 것으로 생각하는 경향이 있었습니다. 왜냐하면 자비는 주로 일상 생활에서 적용되는 행위의 덕목인 데 비해, 공성은 일상의 사고방식으로는 체득할 수 없는 초월적 경지이기 때문입니다. 그래서 공성을 중시하다 보면 자비는 관심 밖으로 밀려나기 쉬울 것입니다. 그러나 법화경의 이 법사품에서는 자비와 공성을 함께 구현해야 할 사명으로 천명하고 있는 것입니다. 그리고 인내는 자비와 공성을 구현할 수 있는 원동력이 됩니다.

이상과 같이 여래사의 사명을 가르친 법사품의 법문을 통해, 자비와 인내와 공성은 보살의 신조와 같은 것으로 중시되었습니다. 그래서 후세에는 이것을 '불경을 널리 퍼뜨리는 세 가지 궤범'으로 불렀습니다. 다시 말하면 이것은 특히 대승불교의 경전을 널리 알리기 위해 반드시 견지해야 할 세 가지 준칙으로 간주되었던 것입니다. 여래사라는 이름으로 법사의 사명을 제시한 앞의 법문은 이만큼 큰 영향력을 발휘했습니다. 그러므로 구마라집의 번역으로 그 법문을 다시 한번 음미해 보는 것이 좋겠습니다.

약왕이여, 만일 선남자 선여인이 여래께서 열반하신 뒤 사부대중을 위하여 이 법화경을 설하려 할 때는 어떻게 설해야 하겠는가? 이 선남자 선여인은 여래의 방에 들어가 여래의 옷을 입고, 여래의 자리에 앉아 사부대중을 위하여 이 경을 널리 설할지니, 여래의 방은 일체중생 가운데 대자비심이요, 여래의 옷은 부드럽고 화평하고 인욕(忍辱)하는 마음이며, 여래의 자리는 일체의 빈 법[法空]이니, 이런 가운데 편안히 머물러 있으면서 게으르지 않는 마음으로 여러 보살과 사부대중을 위하여 이 법화경을 널리 설할지니라.

위의 번역은 한글대장경에서 옮겨 온 것입니다.

4. 영원한 부처님

〖 부처님의 열반 〗

불교는 부처님이 세상의 모든 것을 고통, 무상, 무아라고 깨달은 데서 출발합니다. 그래서 불교에서는 이것을 부처님이 깨달은 세 가지 진리의 표지라는 뜻으로 삼법인이라고 부릅니다. 삼법인을 한 그루의 과실나무로 비유해 볼 수 있습니다. 고통은 나무의 뿌리를 지탱하는 토양에 해당합니다. 무상은 그 나무의 뿌리에 해당하고, 무아는 그 나무의 줄기와 가지에 해당합니다. 이 나무는 자라서 꽃을 피우고 열매를 맺게 될 것입니다. 이 열매는 불교의 완성인 성불 또는 해탈에 해당합니다.

뿌리가 없이 성장하는 나무는 없습니다. 그러므로 무상을 체득하지 않고서는 결코 깨달음의 경지로 나아갈 수 없습니다. 무상은 난해한 교리가 아닙니다. 다만 우리가 사실 그대로 인정하기를 주저하거나 거부할 뿐입니다. 이 세상에서 변하지 않는 것은 아무것도 없습니다. 그렇다면 소멸하지 않고 영원한 것도 아무것도 없습니다. 이것이 무상입니다. 이 때문에 불교에서는 신을 인정하지 않는 것이지만, 설혹 인정한다고 하더라도 그런 신은 처음부터 영원한 불멸의 존재가 아닙니다. 단지 사람들이 그럴 것이라고 믿고 있는 신일 뿐입니다.

그런데 법화경을 설하는 부처님은 영원한 부처님입니다. 왜냐하면 이 부처님의 수명은 헤아릴 수 없기 때문입니다. 법화경의 법문에 의하면, 본래 무량한 수명을 가진 부처님은 시간과 공간의 제약을 초월하여, 과거와 미래의 어느 때든 어느 곳에서나 계속 중생을 제도합니다. 더욱이 이 세상에 인간으로 태어나 80세의 나이로 열반에 든 석가모니가 바로 그 영원한 부처님이라고 합니다. 이 경우에 열반이란 육체적인 죽음을 의미합니다. 그리고 이 부처님은 인간의 몸으로 태어나기 이전인 시작도 알 수 없는 먼 옛적부터 부처로 있었다고 합니다. 그래서 이런 부처님을 '본래부터 영원한 부처'라고 합니다.

영원한 것은 아무것도 없다면, 영원한 부처님도 없지 않을까요? 무상이라는 진리와 영원한 부처님은 서로 잘 들어맞지 않는 것처럼 보입니다. 그러나 무량한 수명을 가진 영원한 부처님이 언제 어디서나 중생을 구제한다는 것은 법화경의 독특한 교리입니다. 이 교리를 어떻게 이해해야 하는지를 설명하는 것은 상당히 까다로운 일입니다. 여기서 그 요점만을 간단히 말하자면, 세계의 이치를 깨달아 얻은 진리 그 자체가 부처입니다. 이런 부처가 중생의 몸을 갖게 되면 석가모니와 같은 부처님으로 이 세상에 출현합니다.

그렇지만 일반 신자나 수행자가 이런 교리를 당장 이해하기는 쉽지 않습니다. 이 때문에 법화경에서 부처님은 우선 무량한 수명을 가진 부처님의 구제 능력을 믿으라고 가르치는 것입니다. 그래도 여전히 의문이 생길 것입니다. 우리가 아는 부처님은 80세의 수명을 마치고 열반했으니까요. 본래 영원하다면 왜 인간으로 태어났다가 죽은 것일까요? 부처님은 친절하게 애써 이 의문을 풀어 줍니다. 즉 석가모니로 태어났다가 열반에 든 것도 중생을 구제하기 위한 방편이라고 합니다.

석가모니 부처님의 탄생과 열반은 방편일 뿐이고, 바로 그 부처님은 모든 중생을 구제할 때까지 언제나 중생 곁에 함께 있습니다. 그래서 부처님의 수명은 무량합니다. 부처님의 수명은 곧 부처님의 구제 능력입니다. 수명이 무한하듯이 구제 능력도 무한합니다. 법화경에서 부처님은 본래 영원하다고 가르치는 법문의 요지가 이런 것입니다.

이 법문에 따르면 석가모니 부처님의 열반은 육신의 소멸일 뿐이며, 부처님의 수명인 구제 능력까지 사라진 것은 아닙니다. 육신은 열반으로 사라졌지만, 깨달음으로 발휘한 구제 능력은 본래 영원한 부처님으로 중생과 함께 존속합니다. 그리고 이 부처님은 언제 어디서든 적절한 모습으로 출현하여 항상 중생을 제도한다는 것을 보여 주기 위해

한때 인간으로 태어났습니다. 이 분이 석가모니입니다.

그러나 우리와 같은 중생에게는 공통으로 그릇된 습성이 있습니다. 소중한 것을 애써 찾다가도 막상 항상 가까이 있게 되면 그 가치를 잊어버리기 일쑤입니다. 지나친 안심은 방심을 낳기 마련입니다. 석가모니 부처님이 생존했던 시대에 부처님의 가르침을 받았던 사람들의 경우도 이와 마찬가지입니다. 그들은 부처님과 함께 있다 보니 너무 방심하게 되어, 부처님의 가르침을 별로 중시하지 않게 되었습니다. 그래서 부처님은 이들을 다시 일깨우기 위한 방편으로 열반에 들었습니다. 법화경에서 석가모니 부처님의 열반은 방편일 뿐이라고 가르치는 법문의 요지는 이런 것입니다.

〔 부처님의 수명 〕

앞에서 간단히 설명했듯이, 영원한 부처님을 이해하기 위해 꼭 필요한 교리적 지식은 부처의 의미입니다. 부처의 기본적인 의미는 '깨달은 자'이지만, 여기서 중요한 것은 무엇을 깨달았는가 하는 것입니다. 물론 진리를 깨달았다고 곧장 답할 수는 있습니다. 그러나 깨달았다고 하는 그 진리가 무엇이냐고 묻는다면, 어느 누구도 쉽게 대답할 수는 없습니다. 불교의 수많은 경전들이 제각기 그 진리를 취급하고 있기 때문입니다. 다만 법화경에서는 그 진리를 수명으로 비유하여, 부처님의 수명은 무량하다고 가르칩니다. 그리고 이 무량한 수명은 언제 어디서든 중생을 구제할 수 있는 능력으로 발현됩니다.

법화경의 제16 여래수량품은 부처님의 수명이 무량하므로 구제 능력도 무궁하다는 것을 가르치는 법문입니다. 여기서 부처님은 그 수명이 실제로는 무엇을 가리키는지 알수 있도록 암시해 줍니다. 즉 부처님은 "나의 수명은 무궁한 겁 동안 장구하니, 옛적에 수행하여 얻은 것이니라"라고 설법합니다. '옛적에 수행하여 얻은 것'이라면, 이것은 무엇이겠습니까? 쉽게 답할 수 있습니다. 깨달음을 얻었다는 것이겠지요. 그리고 깨달음이라면 진리에 대한 깨달음이겠지요. 그렇다면 수명이란 '진리를 깨달은 것'입니다.

법화경뿐만 아니라 거의 모든 경전에서 부처님이 깨달은 진리를 한마디로 표현할 때는 '법'이라고 말합니다. 이 경우의 법은 우리가 사는 세계와 우주를 자동으로 돌아가게 하는 이치입니다. 간단한 예를 들면, 우리가 인간으로 태어나서 살다가 죽게 하는 것도 이런 이치입니다. 더 나아가 사회, 하늘, 땅, 식물, 새, 짐승 따위의 모든 것도 '법'으로 불리는 이치에 의해 출현하고 존속해 갑니다. 그러므로 법은 '위대한 생명'과도 같은 것입니다.

법화경에서는 그러한 법을 부처님의 수명과 같은 것으로 간주합니다. 부처님이 모든 것을 쏟아 깨달은 것이 그 법이기 때문입니다. 그리고 부처님이 깨달은 이 법은 누가 만들어 낸 것이 아니라, 이 우주와 함께 처음부터 있었습니다. 그래서 법은 본래 영원한 것이라고 말할 수 있습니다. 법이 영원하다면 이것을 체득하여 간직한 부처님의 수명도 영원합니다. 결국 법과 부처님의 수명은 똑같은 것입니다. 다시 말해서 법을 수명으로 가진 부처님은 영원합니다. 또한 앞서 말했듯이, 부처님이 영원하므로 부처님의 구제 능력도 영원하고 무궁합니다. 시대와 장소를 불문하고 모든 중생을 구제할 수 있는 부처는 이처럼 영원한 부처님입니다. 그러므로 중생은 우선 부처님의 수명이 영원하다는 것을 믿어야 합니다.

이상과 같이 법화경은 무량한 수명을 가진 영원한 부처님이 중생을 구제해 준다고 가르치는 거의 유일한 경전입니다. 이 때문에 법화경은 그 자체로 신앙의 대상이 될 수 있습니다. 법화경을 신봉하는 것은 영원한 부처님의 구제 능력을 신봉하는 것과 같기 때문입니다.

제16 여래수량품의 끝에는 앞의 법문을 운문으로 요약한 23수의 게송이 첨부되어 있습니다. 법화경의 신자들은 예부터 이것을 특히 애송하여 자아게(自我偈) 또는 구원게(久遠偈)라는 이름으로 불렀습니다. 이것은 그만큼 유명한 게송입니다.

이것을 자아게로 부른 이유는, 구마라집의 묘법연화경에서 이 게송이 자아라는 말로 시작하기 때문입니다. 즉 이것은 자아득불래(自我得佛來)라는 시구로 시작하는데, 이 말은 "나는 깨달음을 얻은 이래"라는 뜻입니다. 그리고 여기서 '나'는 법화경의 설법자인 부처님을 지칭합니다. 한편 이 게송에는 아득히 먼 옛날에 깨달음을 성취한 이래 무량한 수명을 가진 부처님이 항상 중생을 제도한다는 취지가 담겨 있습니다. 그래서 여기에 구원게라는 이름을 붙이게 되었습니다. 그러므로 법문의 취지에서 보면 자아게라는 이름보다는 구원게가 더욱 적합합니다.

대승불교에서는 영원하고 무궁한 부처님의 깨달음 자체

를 불신(佛身)이라고 표현합니다. 이 불신을 어떻게 이해해야 하는지를 설명하는 많은 불전들이 있습니다만, 그 설명 역시 난해하기 일쑤여서 불신을 교리적으로 이해하기가 쉽지 않을 것입니다. 불신을 쉽게 이해하자면 여기서 소개할 구원게만한 것이 없습니다. 구원게로 설법하는 영원한 부처님이 바로 불신에 해당하기 때문입니다. 구원게에서 열반하지 않았음에도 열반을 보여 주는 부처님, 또한 육신을 드러내지 않고 항상 중생을 제도하는 부처님이 바로 불신입니다.

▮ 구원게 ▮

이제 구원게의 내용을 음미해 보도록 하겠습니다. 구원게 또는 자아게가 유명하게 된 것은 구마라집의 뛰어난 번역 덕분입니다. 그러나 이 번역은 한문으로 되어 있으므로, 여기서는 이 번역의 묘미를 직접 느낄 수 없고 감명도 덜할 수밖에 없을 것입니다. 그래서 이것은 나중에 소개하기로 하고, 범어로 된 원문으로부터 번역한 내용을 먼저 소개합니다. 법화경의 핵심 법문 중 영원한 부처님이라는 교리가 구원게에 잘 집약되어 있으므로, 이것의 시적인 묘미보다는 교리를 이해하는 것이 더 우선일 것입니다.

　　그 길이를 결코 알 수 없고 상상할 수도 없는 수백억 겁의 그 옛날에 나는 최고의 깨달음을 얻은 이래, 끊임없이 나는 법을 가르치고 있노라.(1)

　　많은 보살들을 격려하고 깨달음의 지혜에 안주하게 했으며 수천만 겁의 오랫동안 수십억의 많은 중생들을 성숙시켰노라.(2)

　　중생들을 교화하기 위해 나는 방편을 설하여 열반의 경지를 드러내지만 나는 그때 열반에 들어가지도 않고 바로 이 세상에서 법을 설하고 있노라.(3)

　　거기서도 나는 내 자신을 드러내고 모든 중생들에게도 바로 그러하지만 이성이 전도되어 우매한 사람들은 바로 거기에 서 있는 나를 보지 못하네.(4)

　　그들은 나의 육신이 소멸했다고 생각하여 유골에 갖가지 공양을 바치고서 나를 보지 못해 갈망을 일으키니, 이로 인해 그들에게 바른 마음이 생긴다네.(5)

　　그 중생들이 정직하고 온화하고 친절하며 애욕에서 벗어나게 될 때 나는 비로소 제자들을 모이게 하여 영취산에

서 내 자신을 드러내노라.(6)

이후에 나는 그들에게 말하나니, "그때 나는 여기서 열반했던 것이 아니니라. 비구들이여! 그것은 나의 교묘한 방편일 뿐, 나는 줄곧 생명의 세계에 있도다."(7)

나는 다른 중생들의 존경을 받고, 그들에게 나의 최고의 깨달음을 설명하지만 저 세계의 보호자가 열반하지 않는 한, 그대들은 나의 말을 듣지 않을 것이니라.(8)

나는 중생들이 고뇌하고 있음을 보지만, 그때 나는 나의 육신을 드러내지 않고 우선 그들이 나를 보고자 갈망하게 하여, 갈망하는 자에게 정법을 설명할 것이니라.(9)

상상할 수도 없는 수백억 겁의 기간에 걸쳐 나의 가호는 항상 그와 같았노라. 눕거나 앉는 수백만의 휴식을 제외하고 나는 여기 영취산에서 떠나지 않느니라.(10)

중생들이 이 세계의 국토를 보면서 불타고 있다고 생각할 때 그때에도 나의 이 불국토는 신들과 인간들로 가득 차 있도다.(11)

수천만의 정원과 누각과 궁전이 있어 그들에게는 갖가지 오락과 기쁨이 있으며 보옥으로 이루어진 산들과 꽃피고 열매 맺은 수목들로 아름답게 장식되어 있도다.(12)

상공에서는 신들이 악기를 연주하면서 만다라의 꽃비를 살포하여 나와 제자들과 깨달음을 위해 애쓰는 다른 현자들을 뒤덮고 있도다.(13)

나의 이 국토는 항상 이러한 상태로 있으나 다른 이들은 불타고 있다고 생각하여 이 세계를 극히 무섭고 비참하고 수백의 근심으로 가득 차 있는 곳으로 보느니라.(14)

수천만 겁의 오랫동안 나와 여래들의 이름도, 나의 법과 승가에 대해서도 그들은 전혀 들은 바 없으니, 악한 행위의 결과가 이와 같은 것이니라.(15)

그러나 온화하고 친절한 중생들이 이 인간 세계에 태어나게 될 때 태어나자마자 그들은 착한 업으로, 내가 법을 설하고 있는 것을 보느니라.(16)

그런데 나는 이 활동이 그와 같이 무한함을 그들에게 결코 말한 적이 없나니 나를 오랫동안 보는 자에게는 이 때문에 승리자들을 얻기 어렵다고 말하느니라.(17)

나의 이 지혜의 힘은 이와 같으니, 그 광휘는 결코 다함이 없으며 나의 수명은 무궁한 겁 동안 장구하니, 옛적에 수행하여 얻은 것이니라.(18)

현자들이여, 그대들은 이에 대해 의심하지 말고 의혹을

남김없이 끊을지니라. 나는 이 진실한 말을 표명하나니, 나의 말은 어느 때나 결코 거짓이 아니로다.(19)

방편에 정통한 저 의사가 정신착란에 빠진 자식들을 위해, 자기가 살아 있음에도 죽었다고 말하더라도 유식한 현자들은 그를 거짓이라고 비난하지 않는 것과 같으니라.(20)

나는 세계의 아버지로서 스스로 존재하며 모든 생명체들의 의사요 보호자이니 전도된 범부들의 우매함을 알고서 나는 열반하지 않았음에도 열반을 보여 주느니라.(21)

무엇 때문인가? 내가 항상 보이는 탓으로 지각 없고 우둔한 자들은 믿음이 없게 되고 모두가 애욕에 미치게 되어, 부주의함으로 인해 불행한 상태에 빠질 것이기 때문이니라.(22)

나는 언제나 중생들의 이러저러한 행위를 알고서 그들 각자에게 속으로 말하기를 '어떻게 하여 깨달음으로 인도할 것인고, 어떻게 하여 부처의 법을 얻게 할 것인고.' (23)

이와 같은 구원게에서 부처님은 이 법문의 목적을 먼저 천명하고 있습니다. 부처님이 스스로 성취한 최고의 깨달음, 즉 정법을 중생들도 얻게 하려는 것이 그 목적입니다.

그러나 중생들은 부처님이 열반하지 않는 한, 부처님의 가르침을 듣지 않으려 합니다. 그래서 부처님은 열반이라는 방편을 사용한 것입니다. 이 법문에서 부처님의 열반을 설명하는 데 특히 주력한 것은 이 때문입니다.

이 법문에 의하면, 부처님이 열반한 것은 방편으로 짐짓 그렇게 보여 준 것일 뿐이고, 사실은 이 세상에서 항상 법을 설하고 있습니다. 그렇다면 부처님은 왜 굳이 열반에 들어간 척 죽음을 맞이한 모습을 보여 준 것일까요? 이 의문에 답한 것이 방편에 정통한 의사의 자식들을 예로 든 비유입니다. 부처님은 이 비유로써 타성에 젖어 있는 중생을 각성시키기 위해 짐짓 열반을 드러낸다는 것이라고 설명합니다. 그러므로 비유에서 정신착란에 빠진 자식들은 더 말할 것도 없이 진실을 깨닫지 못하는 우매한 중생들을 가리킵니다.

부모가 건강하게 살아 계실 때 자식들은 부모의 소중함을 그다지 의식하지 않으면서 부모의 말씀을 귀담아듣지 않기 쉽습니다. 그러다가 부모가 돌아가시고 나서야 자식들은 비로소 그간의 행동을 반성하고 부모의 은혜와 말씀을 새삼스럽게 되새깁니다. 부모의 죽음은 이처럼 자식들의 생각을 새롭게 바꾸는 계기가 됩니다.

중생들의 경우도 이와 마찬가지입니다. 언제 어디서나 항상 부처님을 친견할 수 있을 때, 중생들은 언제든지 부처님의 가르침을 들을 수 있다는 안도감에 빠져들기 쉽습니다. 그래서 이들은 부처님의 말씀을 한 귀로 듣고 다른 귀로 흘려 버리는 타성에 젖을 뿐만 아니라, 부처님이 가르친 법을 실천하는 데도 태만하게 될 것입니다. 부처님은 이들을 각성시키기 위해 자신의 열반(죽음)을 보여 준 것입니다. 그렇지만 부처님이 실제로 열반에 들어간 것은 아닙니다. 부처님은 법화경을 설한 영취산을 떠난 적이 없습니다. 다만 우매한 중생들이 거기서 육신을 드러내지 않고 법을 설하는 부처님을 보지 못할 따름입니다. 부처님이 짐짓 열반을 드러낸 것은 이런 중생들을 제도하려는 교묘한 방편일 뿐입니다.

구원게의 법문을 이상과 같이 이해한다면, 이제 구마라집이 한문으로 번역한 이 법문도 한결 더 수월하게 이해할 수 있을 것입니다. 한글대장경에서는 시적인 묘미가 드러나도록 이것을 다음과 같이 번역했습니다. 여기에는 약간 부적절한 번역도 있습니다만, 이런 경우는 앞에 소개한 번역과 대조하여 원의를 파악할 수 있을 것입니다.

> 내 스스로 성불하여 지나온 그 겁수는
>
> 한량없는 백천만억 아승기가 되느니라.
>
> 설법으로 한량없는 만억 중생 교화하여
>
> 부처님 도에 들게 하니 그 또한 무량한 겁
>
> 중생 제도 위하여 열반을 말하지만
>
> 그 실은 멸도 않고 항상 이 법 설하며
>
> 항상 이곳 머물러 여러 가지 신통으로
>
> 뒤바뀐 많은 중생 가깝게 인도하노라.
>
> 나의 멸도, 중생이 보고 사리에 널리 공양하며
>
> 연모의 정 다 품어 그리운 맘 다시 내며
>
> 중생을 모두 믿고 그 뜻이 부드러워
>
> 신명을 아끼지 않고 부처님 뵙기 원하면
>
> 그 때에 나와 대중이 영취산에 함께 나와
>
> 중생들에게 말하기를, 나는 항상 불멸하여
>
> 이곳에 머물지만 오직 방편의 힘으로
>
> 멸(滅)과 또한 불멸을 나타내어 보이느니라.
>
> 다른 나라 중생들이 공경하여 믿으며

내가 다시 그 가운데 무상법을 설하거든

너희들은 듣지 않고 나의 멸도 말하지만

여러 중생들 내가 보니 고통 속에 빠졌구나.

그러므로 은신하여 그리운 맘 내게 하고

연모의 정 일으키어 나타나서 설법하느니라.

신통력이 이와 같아 아승기 오랜 겁에

영취산과 다른 곳에 머물러 있으려니

중생이 겁 다하여 큰 불에 탈 때에도

나의 땅은 안온하여 하늘 인간 충만하고

동산 수풀 여러 당각(堂閣) 보배로써 장엄되고

보배 나무 꽃이 만발 중생들이 즐겨 놀며

천신은 북을 쳐서 여러 기악 연주하고

만다라화 꽃비 내려 부처님과 대중께 흩으며

나의 정토 안 헐리나 중생들은 불에 타서

근심 고통 가득함을 여기에서 다 보노라.

죄가 많은 이런 중생 악업의 인연으로

아승기겁 지나도록 3보(寶) 이름 못 듣고

여러 공덕 잘 닦아 부드럽고 질직(質直)한 이

여기 있는 내 몸이 설법함을 다 보며

이런 중생 위하여서 어느 때는 말하기를

부처님 수명 길고 멀어 무량하다 하지마는

부처님을 오래도록 만나 뵈온 사람에겐,

부처님은 희유하여 친견하기 어렵다고

나의 지혜 이와 같아 광명이 무량하고

무수한 겁 수명은 오래 닦은 업이니라.

너희들 지혜로운 이 의심 내어 품지 말고

죄업 영영 끊을지니 부처님 말씀 진실이라.

의사가 좋은 방편으로 미친 자식 구원하려

거짓말로 죽는 일이 허망함이 없듯이

나도 또한 이와 같이 많은 고통을 구하려고

뒤바뀐 범부 위해 거짓 멸도 말하나니,

나를 항상 보게 되면 교만한 마음 내고

5욕에 깊이 집착 악도 중에 떨어지리.

나는 항상 중생의 행하는 도 모두 알고

제도할 바 근기 따라 갖가지로 설법하며

매양 하는 이런 생각 어떻게 저 중생을

무상 지혜 들게 하여 성불 빨리 시킬 건가?

5. 관세음보살의 구제 능력

▌【 염불의 위력 】▐

법화경 제25 관세음보살보문품은 법화경 중에서는 아주 특별하게 취급되는 법문입니다. 왜냐하면 이 부분은 《관음경》이라는 이름으로 아예 독립된 별도의 경전처럼 널리 유포되었기 때문입니다. 여기에는 그럴 만한 이유가 있습니다.

관세음보살보문품에는 일반 신자의 마음을 사로잡을 만한 요소로 가득 차 있습니다. 부처님은 여기서 온갖 곤경으로부터 구제될 수 있는 가장 쉬운 방법을 알려 줍니다. 말하자면 위기에 처할 때마다 관세음보살을 생각해 내는 것이 그러한 방법입니다. 이 방법을 '염불'이라고 합니다. 여기서 염불의 본래 의미는 관세음보살을 마음에 떠올려 생각하는 것입니다. 이런 염불을 돕는 가장 효과적인 방법은 관세음보살이라는 이름을 열심히 부르는 것입니다. 이것을 '칭명'이라고 합니다. 그래서 보통은 칭명과 염불을 똑같은 것으로 간주해도 무방합니다.

관세음보살의 이름을 부르는 것으로 피할 수 있는 곤경

은 불, 물, 바람, 칼, 귀신, 형벌, 도둑 따위입니다. 이 일곱 가지 곤경을 '7난'이라고 합니다. 불전의 용어로 말하면 그 일곱은 화난(火難), 수난(水難), 풍난(風難), 검난(劍難), 귀난(鬼難), 옥난(獄難), 도난(盜難)입니다. 이것들은 우리의 일상에서 흔히 발생하는 사태이므로 이해하는 데 그다지 어렵지 않습니다. 다만 검난은 전쟁이나 변란과 같은 사회적인 불행을 포함합니다. 귀난은 허깨비나 귀신에 홀리는 것과 같은 초자연적인 변고를 가리킵니다. 난의 숫자는 곤경의 종류에 따라 늘거나 줄 수도 있습니다.

물론 관세음보살의 구제 능력은 이에 그치지 않고 더 넓게 미칩니다. 관세음보살에 의지하여 생로병사라는 인생의 고통으로부터 벗어날 수 있고, 탐욕과 증오와 미혹이라는 번뇌의 세 가지 독소도 제거할 수 있습니다. 또한 관세음보살은 자식의 출산과 같은 소원도 성취하게 해 줍니다. 한마디로 말해서 관세음보살에 의지하여 모든 문제를 해결할 수 있습니다. 이러한 믿음이 이른바 관음 신앙을 형성했습니다. 이로부터 관세음보살을 열심히 칭명하여 신령스런 효험을 보았다는 온갖 영험담도 쏟아져 나오게 되었습니다.

관세음보살보문품에서 부처님은 이상과 같은 관세음보

살의 구제 능력을 낱낱이 설명합니다. 그러므로 복을 구하는 신자라면 누구나 관세음보살보문품의 법문에 매료되지 않을 수 없을 것입니다. 아래에 소개하는 이 법문의 일부를 보는 것만으로도 이 점을 충분히 짐작할 수 있을 것입니다. 아래의 법문도 산문의 설법을 시구로 요약하여 첨부한 게송입니다. 여기서는 이 게송의 반절 이상에 해당하는 전반부를 범어의 원문으로부터 번역하여 소개합니다. 구마라집이 번역한 이 게송의 전문은 뒤에서 소개할 것입니다.

"어떠한 원인으로 승리자(부처님)의 아들은 실로 관세음으로 불립니까?"라고 눈부신 표징을 지닌 자(부처님)에게 무엇 때문이냐고 무진의가 그 뜻을 물으니

이에 눈부신 표징을 지닌 자는 그 질문의 뜻을 그대로 고려하여 서원의 바다인 관세음의 행업을 들으라고 무진의에게 대답했느니라.

헤아릴 수 없이 장구한 수십억 겁에 걸쳐 수백만억의 부처들 밑에서 그가 서원을 그처럼 맑게 닦았음을 내가 제시하는 사례를 통해 들으라.

그때 그는 듣고 보고 또한 순서대로 그와 같이 생각해

내어 이 세상에서 생명체들을 이롭게 하고 모든 생존의 고통과 슬픔을 제거하는 자가 되느니라.

사악한 마음을 지닌 자가 불구덩이에 빠뜨려 죽이려고 할지라도 관세음을 떠올려 생각하면 마치 물벼락을 맞은 듯 불이 꺼지느니라.

용, 바다 괴물, 아수라, 악귀가 사는 험악한 바다에 떨어지더라도 관세음을 떠올려 생각하면 물의 왕(바다) 속에 잠기는 일은 결코 없느니라.

사악한 마음을 지닌 자가 수미산의 절벽에서 떨어뜨려 죽이려고 할지라도 관세음을 떠올려 생각하면 마치 태양이 된 것처럼 공중에 떠오르게 되느니라.

금강석으로 이루어진 산을 머리에 던져 죽이려고 할지라도 관세음을 떠올려 생각하면 머리의 털구멍도 해치지 못하느라.

손에 칼을 쥔 적들의 무리가 살해하려는 생각으로 둘러쌀지라도 관세음을 떠올려 생각하면 그들은 그 순간 자비심을 갖게 되느니라.

처형장에 도착하여 망나니의 뜻대로 죽게 될 상황에 있을지라도 관세음을 떠올려 생각하면 그때 칼은 산산이 부쉬지게 될 것이니라.

나무로 만든 족쇄로, 철로 만든 족쇄로, 밧줄로 묶여 있을지라도 관세음을 떠올려 생각하면 포박하는 것들은 홀연히 풀려 버리느니라.

육신을 파괴하는 주문, 강력한 주술, 약초, 악귀, 요괴 따위도 관세음을 떠올려 생각하면 발생한 본래의 곳으로 되돌아가느니라.

정기를 빼앗는 야차, 용, 아수라, 요괴, 악귀에 둘러싸이더라도 관세음을 떠올려 생각하면 그것들은 털끝 하나도 해치지 못할 것이니라.

날카로운 이빨과 발톱을 가진 무시무시한 맹수에 둘러싸이더라도 관세음을 떠올려 생각하면 그것들은 곧바로 사방팔방으로 도주할 것이니라.

화염을 내뿜어 보기에도 끔찍하고 눈빛만으로도 독살해 버리는 뱀 따위에 둘러싸이더라도 관세음을 떠올려 생각하면 그것들의 독은 곧바로 사라질 것이니라.

구름 속에서 우레와 함께 비를 내리쏟고 맹렬한 벼락이 섬광과 함께 내리치더라도 관세음을 떠올려 생각하면 그 찰나에 곧바로 잠잠해질 것이니라.

관세음보살을 떠올려 생각함으로써 얻게 되는 염불의 효험은 이 다음에도 조금 더 열거되지만, 위에 열거한 것들 중의 일부를 되풀이한 것입니다. 관세음보살보문품의 법문 중에서 이 같은 대목은 누가 보더라도 분명히 관세음보살만을 염불하는 것으로 모든 위기와 곤경이 저절로 해소된다는 뜻으로 이해됩니다. 그리고 이러한 법문은 먼저 소개했던 일불승의 법문과는 현저하게 다른 차원의 신앙을 고취하고 있습니다. 관세음보살보문품을 《관음경》이라는 별도의 경전인 것처럼 애송하면서 관세음보살을 열성껏 염불하는 관음 신앙이 성행하게 된 이유도 여기에 있을 것입니다.

그런데 관세음보살보문품에서 부처님의 법문은 단지 관음 신앙을 고취하는 데 목적이 있지 않습니다. 염불은 언뜻 보면 신앙하는 방법의 하나이지만, 여기에는 심오한 뜻이 담겨 있습니다.

〔 관세음의 의미 〕

우리는 앞에 소개한 법문으로 관세음보살은 신통한 구제 능력을 갖고 있다고 믿을 수 있습니다. 그리고 부처님이 그러한 구제 능력을 낱낱이 열거한 것은, 곤경에 처할 때마다 관세음보살의 구제 능력에 무작정 의지하라고 가르치는 것처럼 보입니다. 물론 부처님의 법문을 이렇게 받아들여 관세음보살을 신봉하는 것이 관음 신앙이기는 합니다.

그러나 또 한편으로 생각해 보면, 불교에서 본래 으뜸으로 중시한 것은 진실을 자각하는 지혜입니다. 그런데 관음 신앙에서는 그런 지혜를 중요하게 생각하지 않는 것처럼 보입니다. 관세음보살보문품에서 부처님도 정말 그렇게 생각하여 염불을 권장한 것일까요? 물론 그렇지만은 않습니다. 어떠한 경우에도 자각의 지혜는 성불의 필수 조건입니다. 관세음보살보문품의 법문도 이러한 필수 조건을 바탕에 깔아 두고 있습니다. 그래서 법화경을 신봉하는 지성인들은 그 법문을 말하는 그대로만 받아들이지는 않는다고 합니다. 또한 학자들은 법화경의 전체적인 맥락과 연관지어 그 법문의 취지를 이해합니다.

관음 신앙을 고취한 앞의 법문을 찬찬히 음미해 보면, 관세음보살이 직접 중생의 곤경을 해소해 주는 것은 아닙니다. 중생이 곤경에 처할 때마다 관세음보살이 직접 나서서 신통한 능력을 발휘하는 것이 아니라, 곤경에 빠진 중생이 스스로 관세음보살을 떠올려 생각함으로써 그 곤경이

해소되는 것입니다. 여기서 구제는 관세음보살을 염불하는 힘으로 이루어집니다. 물론 염불하는 신자의 입장에서는 그 힘이 관세음보살로부터 나온다고 믿을 수밖에 없습니다. 이런 믿음을 전제로 하여, 그 힘을 관세음보살의 구제 능력이라고 말하는 것입니다. 그래도 아무튼 중생은 관세음보살을 염불하는 자신의 노력으로 온갖 곤경으로부터 벗어난다고 말할 수 있습니다.

그렇다면 관세음보살이 아닌 다른 부처나 보살을 염불해도 구제가 가능하겠지요. 당연히 그렇습니다. 예를 들어 관음 신앙과 쌍벽을 이루는 아미타 신앙에서는 아미타불을 열성껏 염불하여 극락에 왕생할 수 있다고 믿습니다. 두 신앙은 염불로 얻을 수 있는 결과에서 차이가 있습니다. 그리고 이 차이는 관세음보살과 아미타불이 각기 중생 구제를 위해 주력하는 관심 분야, 즉 서원에 따른 것입니다. 그러므로 관세음보살이 어떤 보살인지를 먼저 이해하고 나면, 관세음보살보문품 또는 관음 신앙의 취지도 바르게 이해할 수 있습니다.

관세음보살이라는 이름은 구마라집의 번역을 따른 것입니다. 법화경을 최초로 번역한 축법호의 정법화경에서 이

보살의 이름은 관세음이 아니라 광세음(光世音)입니다. 나중에 중국의 유명한 현장(玄奘) 법사가 번역한 《반야심경》에서 관세음은 관자재(觀自在)로 바뀌었습니다. 관세음과 광세음은 동일한 원어를 다르게 번역한 말입니다. 관자재의 원어는 이것과는 약간 다르지만, 여전히 관세음보살을 지칭하는 말입니다.

관세음이라는 말은 '세간의 소리를 본다'라는 뜻이므로 상식적으로 납득하기 어렵습니다. 소리는 들을 수 있는 것이지 볼 수 있는 것은 아니기 때문입니다. 그러나 이유 없이 이렇게 이상한 말로 옮기지는 않았겠지요. 이 말의 원어인 범어로 해석해 보면, 세간의 소리를 본다는 것은 세간의 소리를 그대로 비추어 낸다는 것을 의미합니다. 그래서 축법호는 광세음이라고 번역했던 것입니다. 더욱이 우리말에서도 그렇듯이 본다거나 비추어 낸다는 말은 알아차린다거나 파악한다는 뜻으로도 통용됩니다.

다음으로 세음은 '세간의 소리'라는 뜻으로 이해되기 쉽지만, 이보다는 '소리 내고 있는 세간'을 뜻하는 말입니다. '소리 내고 있는 세간'은 중생이 활동하고 있는 세상의 모습을 상징적으로 묘사합니다. 그러므로 관세음은 중생이 활동하는 세간의 온갖 소리에 귀를 기울이고 중생이 활동하는 그대로 파악한다는 뜻을 함축하고 있습니다.

불교에서 성불의 필수 조건으로 중시한 지혜란 모든 것을 있는 그대로 파악하는 능력입니다. 이런 지혜를 '반야'라고 합니다. 반야는 순수한 직관으로 본래의 진실을 알아차릴 수 있는 지혜입니다. 흔히 쓰는 말로는 이것을 근원적 예지라고 표현할 수 있습니다. 관세음이라는 이름에도 반야로 불리는 지혜를 갖추고 있다는 뜻이 내포되어 있습니다. 그러므로 관세음보살은 사실상 지혜의 보살입니다. 반야심경을 독송하는 불교 신자라면 이제 반야심경의 주인공이 왜 관자재보살인지 이해할 수 있을 것입니다.

불교에서 표방하는 교리적 신조는 모든 중생이 성불할 수 있는 능력을 갖추고 있다는 것입니다. 다시 말해서 누구나 부처가 될 수 있다는 것이 불교의 원리입니다. 여기서 성불할 수 있는 능력이 바로 지혜입니다. 따라서 이 원리를 되짚어 보면, 사람들은 누구나 반야와 같은 지혜를 갖추고 있습니다. 다만 세간에 얽매여 있는 거의 모든 사람들이 그 지혜를 드러내지 못할 뿐입니다. 이에 반해 관세음보살은 그 지혜를 하나의 표본으로 구현한 보살입니다.

먼저 설명했듯이 관세음보살의 구제 능력은 신자가 관세음보살을 염불하는 힘으로 발현됩니다. 이것이 어떻게 가능한지를 이제는 새롭게 이해할 수 있습니다. 관세음보살을 염불하는 힘은 신자에게 간직되어 있는 지혜를 이끌어 발현시키는 것입니다. 이것이 관세음보살의 구제 능력입니다. 관세음보살의 구제 능력은 신자에게 내재된 지혜의 힘입니다. 인간에게는 이런 지혜의 힘이 근원적인 생명력과 같습니다. 우리는 이 같은 근원적인 생명력을 발동시켜 난관을 극복하고 곤경을 헤쳐 나갑니다. 우리가 관세음보살을 염불한다는 것은 우리가 그와 같은 노력을 기울이고 있다는 것과 같습니다. 그러므로 관세음보살도 인간을 초월해 있는 신적인 존재가 아니라, 인간을 지탱해 주는 근원적인 생명력이며 지혜의 원천입니다.

결국 신자가 언제나 관세음보살을 염불한다는 것은, 그 자신의 근원적인 생명력을 발동시켜 근원적 예지로 현실의 문제를 타개해 나간다는 것입니다. 이렇게 하여 당면한 위기가 해소된다면, 신자는 관세음보살 덕분에 구제되었다고 그 공덕을 마땅히 관세음보살에게 돌리게 될 것입니다. 그래서 더욱 관세음보살은 위대한 구제 능력을 가진 보살로 칭송될 것입니다.

관음 신앙의 내막은 이상과 같은 것입니다. 특히 관세음보살보문품의 법문에서 관세음보살은 부처님의 자식인 동시에 성자로 설정되어 있습니다. 이 경우에 관세음보살은 부처님의 지혜를 체득하여 자비를 실천하는 불제자의 본보기가 됩니다. 또 한편으로 법화경의 전체 맥락에서는 관세음보살도 부처님의 분신입니다. 이 같은 관세음보살에 의지하는 것은 언제 어디서나 중생을 지켜보는 부처님의 가르침에 순종하는 것이기도 합니다. 관음 신앙에서 중생이 순종해야 할 가르침은 법화경입니다. 그러므로 관세음보살의 구제 능력은 우선 법화경을 성실하게 믿고 따르는 중생에게 발현됩니다.

끝으로 앞에서 일부만 소개했던 법문의 전체를 이번에는 구마라집의 번역으로 음미해 보겠습니다. 이제까지 설명한 내용을 염두에 둔다면, 한글대장경에서 옮겨 온 아래의 번역이 약간 어색할지라도 여기서 다시 새겨들을 만한 대목을 발견할 수 있을 것입니다.

미묘한 상(相) 갖추신 세존이시여, 이제 다시 저 일을 묻

자옵나니 불자는 그 무슨 인연으로 관세음이라 부릅니까?

미묘한 상 갖추신 세존께서 게송으로 무진의에게 대답하시되 곳곳마다 알맞게 응하여 나타나는 관음(觀音)의 모든 행을 잘 들으라.

그 보살의 큰 서원 바다와 같아 헤아릴 수 없이 긴 세월 동안 천억의 부처님 모시고 받들며 크고 청정한 원을 세우니

내 이제 그것들을 간략히 말하리니 이름을 듣거나 몸을 보거나 마음으로 생각함이 헛되지 않으면 능히 모든 고통을 멸하리라.

가령 해치려는 사람에게 떠밀려 큰 불구덩이에 떨어진대도 관음을 염하는 그 힘으로 불구덩이 변하여 연못이 되고

만일 큰 바다에 표류하여 용과 귀신·물고기의 난을 만나도 관음을 염하는 그 힘으로 파도가 능히 삼킬 수 없으며

수미산의 봉우리에서 사람에게 떠밀려 떨어진대도 관음을 염하는 그 힘으로 허공에 머무는 해같이 되며

악인에게 쫓기어 금강산(金剛山)에서 떨어진대도 관음을 염하는 그 힘으로 털끝 하나 다치지 않으며

원한의 도적을 만나 칼 들고 달려와 해치려 해도 관음을 염하는 그 힘으로 도적들 마음 돌려 자비하게 하며

법에 잘못 걸려 형벌을 받아 죽게 되더라도 관음을 염하는 그 힘으로 칼이 조각조각 끊어지며

감옥 속에 갇혀 있어서 손발이 형틀에 묶였더라도 관음을 염하는 그 힘으로 그것들의 풀림을 받을 것이며

저주와 여러 가지 독약으로 몸을 해치려고 할 때에도 관음을 염하는 그 힘으로 본인에게 그 화가 돌아가며

악한 나찰 독룡(毒龍)들과 여러 귀신을 만날지라도 관음을 염하는 그 힘으로 감히 모두들 해치지 못하며

사나운 짐승들에 둘러싸여 이빨과 발톱이 무섭더라도 관음을 염하는 그 힘으로 사방으로 뿔뿔이 달아나며

여러 가지 사나운 독사들이 독기가 불꽃처럼 성할지라도 관음을 염하는 그 힘으로 그 소리에 스스로 달아나며

구름에서 천둥 일며 번개 치고 큰비와 우박이 쏟아져도 관음을 염하는 그 힘으로 삽시간에 사라지며

뭇 중생이 곤경과 재앙을 만나 한량없는 고통을 받을지라도 관음의 미묘한 지혜의 힘이 능히 세상 고통 구하느니라.

신통한 힘 구족하고 지혜의 방편 널리 닦아 시방의 여러 국토 몸을 나타내지 않는 곳 없으며

가지가지 악한 갈래 지옥 · 아귀 · 축생들의 생로병사 모

든 고통 점차로 멸해 주며

진관(眞觀)이며 청정관(淸淨觀) 넓고 큰 지혜관(智慧觀)
이며 비관(悲觀)과 자관(慈觀)이니 항상 우러러볼지어다.

때 없어 청정한 빛 지혜의 태양 어둠을 제하나니 풍재
(風災)와 화재(火災) 능히 이겨 널리 밝게 세상을 비추니

대비는 체가 되고 계행은 우레 되며 자비로운 마음은 큰
구름 같아 감로의 법비를 내려 번뇌의 타는 불길 멸해 주며

쟁송(諍訟)으로 관청에 가거나 두려운 진중에 있을지라
도 관음을 염하는 그 힘으로 모든 원수가 흩어지느니라.

묘음(妙音)과 관세음(觀世音)과 범음(梵音)과 해조음(海
潮音)이 저 세간음(世間音)보다 나으니 그러므로 항상 생각
하여

의심일랑 잠깐도 하지 말아라. 관세음보살 청정한 성인
은 고뇌와 죽음과 액운 당하여 능히 믿고 의지할 바 되리.

일체의 여러 공덕 두루 갖추어 자비로운 눈으로 중생을
보며 그 복이 바다처럼 한량없으니 그러므로 마땅히 정례
(頂禮)할지니라.

5장

비유로 배우는 법문

일반적으로 비유는 문학 작품에서 즐겨 사용하는 상투적인 묘사법입니다. 그런데 인도에서는 예부터 비유를 단지 문학적 기교로만 가볍게 여기지 않았습니다. 특히 어떤 주장이나 생각을 논리적으로 진술할 때도 비유적 개념이나 비유 자체는 거의 필수적인 요소로서 중시되어 왔습니다. 그래서 서양의 논리학과는 달리, 인도의 논리학은 실제의 예를 들어 주장을 뒷받침하는 실례를 논증의 요소에 포함시킵니다. 실례는 사람들이 흔히 경험한 사실을 상식으로 적용하는 것입니다. 논증의 형식을 갖추지 않은 일반적 진술에서는 실례와 같은 역할을 하는 것이 비유입니다.

비유는 상대방이 경험하지 못했거나 쉽게 이해할 수 없는 것들을 간접적으로 설명하는 편리한 수단입니다. 특히 해탈이나 삼매처럼 말로 직접 설명할 수 없는 진실에 접근하는 데는 비유가 가장 효과적인 수단이 됩니다. 전달하고자 하는 진실이 비유에서 이야기하는 내용과 일치하지는 않습니다. 그러나 그런 이야기마저 없다면 진실은 묻혀 버리거나 전혀 엉뚱하게 이해될 수 있습니다. 비유는 임시로 지어낸 것이지만, 이것으로 진실에 접근할 수 있습니다. 그래서 이것도 방편에 해당합니다.

과거 인도의 성자들 중에서 비유를 적절하게 구사하여 철학적 사유를 쉽게 전달하기로는 석가모니 부처님만한 성자가 없었습니다. 실제로 석가모니 부처님이 애써 가르친 지혜의 내용은 개념적이고 추상적인 표현보다는 비유의 형태로 더욱 잘 설명되어 있습니다. 우리는 부처님의 이 같은 슬기를 법화경에서 한눈에 알아차릴 수 있습니다. 법화경에는 교리적으로 중요한 법문마다 비유가 곁들어 있습니다. 사실 이런 비유들을 이해하는 것만으로도 법화경의 핵심 법문은 모두 이해할 수 있을 정도입니다. 비유들이 그만큼 적절하게 구사되고 있기 때문입니다.

그러나 비유는 비유일 뿐입니다. 이 말은, 비유는 사용된 그곳에서만 유효할 뿐이므로 아무 데서나 똑같이 적용해서는 안 된다는 뜻입니다. 또한 비유는 그 자체로서 의미를 지니는 것이 아니라 다른 설명과 연관됨으로써 의미를 지닙니다. 비유와 설명을 연관짓지 못하면 비유는 아무런 효력을 발휘하지 못합니다. 그래서 부처님은 제2 방편품에서 비유를 사용하는 이유를 다음과 같이 밝혀 둡니다.

"이 세상에서 학식 있는 사람이라면 누구든지 설명된 의미를 비유로써 곧바로 이해하기 때문이니라."

부처님의 이 말씀은 다른 데서도 중요한 비유를 제시하기 전에 종종 반복되고 있습니다. 이렇게 반복한 것은 비유 자체에 집착하지 말라고 경계하려는 데도 그 이유가 있을 것입니다. 비유는 이미 설명한 것을 보다 쉽게 이해시키기 위한 보조 수단일 뿐입니다. 그럼에도 불구하고 우리는 흔히 비유 자체에서 논리성이나 사실성을 먼저 따지려고 합니다. 이렇게 하다 보면 비유의 용도는 생각지 않고 비유와 실제를 동일시하는 착각에 빠지기 쉽습니다. 그러나 비유는 원래 그 내용의 논리성이나 사실성으로 특정한 설명을 이해하도록 돕는 것이 아닙니다. 비유는 논리에 앞서 곧바로 '그렇겠구나' 하는 공감으로 이해를 돕는 것입니다.

이제 소개할 법화경의 비유들은 보통 '법화 7유' 또는 '법화 8유'로 알려져 있습니다. 법화경을 문학적으로 평가할 때도 먼저 거론되는 것이 이러한 비유들입니다. 이것들 중 일부는 지금 우리의 눈으로 볼 때 황당하다 싶기도 할 것입니다. 그러나 옛날 사람들은 이것들을 전혀 터무니없는 이야기로만 생각하지는 않았을 것입니다.

1. 일곱 가지 비유

법화경에서는 크고 작은 것들을 모두 포함하여 스물다섯 가지의 비유들을 가려낼 수 있습니다. 이것들 중에서 법화경의 중요한 법문과 직접 연관되는 비유는 일곱 가지입니다. 이것을 일컬어 '법화 7유'라고 합니다. 이 말은 대승불교의 유명한 논사인 세친(世親)의 저서 중 《법화경론》으로 불리는 저서에서 유래합니다. 법화경을 해설한 이 책에서 저자는 법화경의 대표적인 비유를 일곱 가지로 지목했는데, 이것이 법화 7유로 널리 알려지게 되었습니다. 그런데 범어로 된 법화경의 원본에만 있고, 구마라집이 번역한 묘법연화경에는 없는 중요한 비유도 있습니다. 그래서 이 것까지 포함한 것을 일컬어 '법화 8유'라고 합니다.

대승불교의 유명한 경전들은 대체로 매우 장황하고 같은 내용을 반복하여 서술하는 특징을 갖고 있습니다. 이런 특징을 잘 보여 주는 대표적인 경전이 화엄경과 법화경입니다. 앞에서 소개했듯이 구마라집은 법화경을 번역하면서 이러한 특징을 그대로 살리지 않고, 원문을 적절하게 축약하거나 정돈해 냈습니다. 우리는 구마라집의 탁월한 능력으로 보아 그가 원문의 취지를 결코 훼손하지는 않았을 것으로 믿을 수 있습니다.

그러나 여기서는 구마라집의 묘법연화경이 아니라 범어로 된 원본으로부터 발췌한 비유의 내용을 소개합니다. 비유의 내용을 줄거리로 소개하자면, 아무래도 축약이 없는 원본을 참고하는 것이 더 유익할 것입니다. 이제부터 일곱 가지 비유의 내용을 먼저 소개하고, 나머지 하나는 다음 항목에서 소개합니다. 이 비유들을 통해 법화경의 중요한 법문을 재음미하고 교리를 공부할 수 있을 것입니다.

법화경을 신봉하는 후대 사람들이 즐겨 읊는 법화경의 게송들 중에는 다음과 같은 것도 있습니다. 이것은 제3 비유품에 나오는 게송의 일부를 범어 원문으로부터 번역한 것입니다.

바로 이와 같이 사리불아, 위대한 현자인 나는 중생들의 보호자요 아버지이니라.

생명을 지닌 그 모두는 나의 자식이지만, 어리석게도 삼계에서 애욕에 탐닉하도다.

이 삼계는 나의 소유물이고 거기서 불길에 싸여 있는 이들은 나의 자식들이니라.

위의 게송에 앞서 부처님은 불난 집을 비유로 들어 설법했습니다. 그 설법에서 부처님은 자신이 중생의 보호자요 아버지이므로, 애욕의 불길에 싸여 있는 중생인 자식을 구제할 것이라고 천명했습니다. 위의 게송은 그 설법의 요지를 다시 가르쳐 주고 있는 것입니다. 그래서 그 설법에서 사용한 비유에 붙인 이름이 '불난 집의 비유'입니다. 그리고 이 비유의 온전한 이름은 '세 수레와 불난 집의 비유'입니다. 우선 이 비유에서 요점만 간추리면 다음과 같습니다.

어느 부잣집에 불이 나서 한창 타오르고 있었습니다. 그런데도 그 속에 있는 아이들은 놀이에 정신이 팔려, 아무리 불났다고 소리쳐도 나오려 하지 않았습니다. 그래서 아버지는 "양이 끄는 수레, 사슴이 끄는 수레, 소가 끄는 수레가 지금 대문 밖에 있으니, 너희들은 이 불타는 집에서 어서 나와 그것들을 골라 가져라"라고 아이들에게 외쳤습니다. 그러자 아이들이 밖으로 나왔고, 아버지는 그들을 위험에서 구출할 수 있었습니다. 이후 아버지는 세 가지 수레보다 더 훌륭한 수레를 자식들에게 골고루 나누어 주었습니다.

이제 이 비유의 전체 줄거리를 소개하자면 다음과 같습니다.

한 사람의 가장이 있었습니다. 그는 노쇠하지만 부유하

여 수백 명이 거주하는 대저택에 살고 있었습니다. 그러나 그 저택은 기둥뿌리가 썩어 들고 외벽의 칠도 벗겨진 오래된 집이었습니다. 이 저택에 돌연히 큰 화재가 발생하여 사방으로 불길이 번지게 되었습니다. 그 가장에게는 5명 내지 20명의 많은 아이들이 있었으나, 그 혼자만이 밖으로 빠져 나왔습니다. 밖으로 나온 그는 불길이 점점 번지는 것을 보면서 마음을 가누지 못하고 이렇게 생각했습니다.

'나는 안전하고 신속하게 불길에 닿지 않은 채 문을 통해 빠져 나올 수 있었지만, 아직 어린 나의 자식들은 타오르고 있는 저택 안에서 장난감을 갖고 즐겁게 노는 데 정신이 팔려 있다. 그러니 그들은 집이 불타고 있는 것을 모르고 느끼지도 못하며 생각하지도 않는다. 이 큰 불길에 싸여 있어 큰 고통이 엄습하는데도 고통을 느끼지 못하고 밖으로 나올 생각도 하지 않는다.'

또 그는 '나에게는 힘이 있고 팔도 강하니 아이들을 모두 옆구리에 한꺼번에 껴안아 이 집에서 빠져 나올 수 있지 않을까?'라고 생각했으나, 이내 이런 생각도 들었습니다.

'이 저택의 입구는 하나뿐이고 문은 닫혀 있다. 아이들은 아직 어린지라 한시도 가만있지 못하고 배회하다가 큰

불길로 재난을 당할지 모른다. 그러니 아이들에게 주의를 주는 것이 좋겠다.'

그래서 그는 아이들에게, 이 집은 큰 화재로 불타고 있으니 불에 타 죽지 않도록 빨리 나오라고 소리쳤습니다. 그러나 무지한 아이들은 그 말을 이해하지 못해 두려워하지도 놀라지도 않고, 달려 나오려고 하지도 않았습니다. 그들은 타오른다는 것이 무엇인지도 모른 채, 이곳저곳을 맴돌아 달려다니면서 아버지를 바라보기만 할 뿐이었습니다. 이러다 아이들이 죽을지 모르겠다고 생각한 아버지는 교묘한 방편을 사용하여 아이들을 밖으로 유인하기로 작정했습니다. 그는 아이들이 바라는 것과 그들의 취향도 알고 있어서, 그들이 특히 좋아하여 갖고 싶어 하는 것은 얻기 어려운 장난감일 것이라고 생각했습니다. 그래서 그는 아이들에게 외쳤습니다.

"얘들아, 너희들이 좋아할 굉장한 장난감이 있다. 너희들이 이제까지 본 적도 없고, 여러 가지 색깔에 종류도 많아서 지금 갖지 않으면 나중에 후회할 것들이다. 그 중에는 소가 끄는 수레, 양이 끄는 수레, 사슴이 끄는 수레와 같은 것들도 있다. 너희들이 좋아하고 예쁘고 귀엽고 맘에 드는 것들을 모두 갖고 놀도록 대문 밖에 놓아 두었다. 애들아, 이리 나오너라. 밖으로 달려 나오면 너희들이 바라는 대로 무엇이든 하나씩 나누어 주겠다. 장난감을 갖고 싶으면 어서 이리 달려 나오너라."

그러자 아이들은 갖고 싶어 하던 장난감의 이름을 듣고서는, 서로 선두를 힘껏 경쟁하면서 타오르고 있는 집으로부터 모두 재빨리 달려 나왔습니다. 그 가장은 아이들이 무사히 나온 것을 보고서 근심이 사라지고 안도하게 되었습니다. 아이들은 아버지에게 소가 끄는 수레, 양이 끄는 수레, 사슴이 끄는 수레 따위의 장난감을 달라고 했습니다. 이에 그 아버지는 온갖 보석과 좋은 재료로 아름답고 장엄하게 장식되어 있고, 바람처럼 빨리 달리는 소가 끄는 똑같은 수레를 아이들 모두에게 하나씩 주었습니다. 이 수레는 다른 것들보다 좋은 위대한 탈것입니다.(여기서 '위대한 탈것'은 대승을 풀어 쓴 말입니다.)

왜 그는 세 가지 수레 중에서 다른 것들은 주지 않고 소가 끄는 수레만을 아이들에게 준 것일까요? 그는 이렇게 생각한 것입니다.

'이 아이들은 모두 내가 사랑하고 아끼는 자식이다. 그리고 내게는 이런 위대한 탈것이 얼마든지 있다. 이 자식들은 내게 모두 평등하다. 나는 부유하므로 모든 사람들에게도 이런 위대한 탈것을 줄 수 있다. 내 자식들에게야 더 말할 나위가 없다.'

법화경의 법문에서 부처님은 이상과 같은 비유를 제시하고 나서 사리불에게 묻습니다. "그 사람이 처음에는 세가지 탈것을 주겠다고 하더니 나중에는 그 모두에게 가장 훌륭하고 위대한 탈것만을 준 것은, 그가 거짓말을 한 것이아닌가?" 이 질문에 사리불이 대답한 결론은 이런 것입니다. "그 사람은 일찍이 교묘한 방편을 사용하여 아이들을큰 고통으로부터 구제해야겠다고 생각했으므로 거짓말을한 것이 아닙니다."

부처님은 이와 같이 처음에는 삼승을 설하여 중생들을인도한 뒤에, 그들을 가장 위대한 탈것인 대승으로 제도하여 해탈하게 합니다. 이것이 앞에 소개한 비유의 취지입니다. 그래서 부처님은 바로 그러한 목적으로 부처들이 일불승을 삼승으로 구별하여 가르치는 것이라고 알아야 한다고사리불에게 당부합니다. 이 경우에 삼승은 비유에서 말하는 세 가지 수레와 같은 방편입니다.

앞의 비유에서 불타는 집은 삼계, 가장은 부처님, 아이들은 중생, 양이 끄는 수레는 성문승, 사슴이 끄는 수레는 연각승, 소가 끄는 수레는 보살승, 이보다 더 훌륭한 수레는 일승 또는 불승을 의미합니다. 결국 삼승은 방편이요 일승은 진실이라는 법화경의 핵심 법문을 쉽게 설명하는 것이 이 비유입니다. 그렇지만 후대의 학자들 사이에서는 이 비유를 둘러싸고 견해가 엇갈리기도 했습니다.

위의 비유에서는 세 가지 수레를 열거하다가 마지막에는 또 하나의 수레를 언급합니다. 범어로 된 원문에서는 이 마지막 수레를 매우 장황하게 설명합니다. 그러나 그 요지는 앞의 줄거리에서 묘사한 것과 같습니다. 즉 그것은 "온갖 보석과 좋은 재료로 아름답고 장엄하게 장식되어 있고, 바람처럼 빨리 달리는 소가 끄는 똑같은 수레"입니다. 묘법연화경에서는 이 수레를 '크고 하얀 소가 끄는 수레'로 번역했습니다. 그런데 이것이 다른 세 수레 중에서 단지 '소가 끄는 수레'와 어떤 관계에 있는지를 둘러싸고 해석상의 차이가 발생했습니다.

중국의 옛 학승들은 '크고 하얀 소가 끄는 수레'가 일승 또는 불승을 가리킨다는 데에는 모두 동의합니다. 그러나 어떤 학승들은 '크고 하얀 소가 끄는 수레'가 다른 셋 중의 '소가 끄는 수레'와는 다르지 않다고 해석했습니다. 이 해석에 따르면, '크고 하얀 소가 끄는 수레'인 일승은 단지 '소가 끄는 수레'인 보살승과 동일합니다. 이 경우에는 결국 일승과 보살승이 동일하게 됩니다. 이에 대해 또 어떤 학승들은 '크고 하얀 소가 끄는 수레'와 '소가 끄는 수레'는 서로 다르다고 해석했습니다. 이 해석에 따르면, '크고 하얀 소가 끄는 수레'인 일승이 진실이고 다른 세 수레인 삼승은 방편입니다.

그러나 이와 같은 견해의 차이는 단지 앞의 비유 때문에 발생한 것만은 아닙니다. 법화경에서 말하는 일승은 담고 있는 의미의 폭이 클 뿐만 아니라, 종교적인 포용성과 우월성을 내포하기도 합니다. 예를 들어 천태대사는 일승의 의미를 네 가지 관점에서 다음과 같이 파악했습니다.

첫째, 이치로 보면 일승은 깨달음 또는 진리 자체를 가리킵니다. 둘째, 교법으로 보면 삼승은 모두 성불을 위한 동등한 가르침입니다. 이처럼 삼승이 동등한 가르침이라는 것을 일컬어 일승이라고 합니다. 셋째, 실천으로 보면 삼승도 모두 성불을 위해 수행합니다. 그러므로 삼승의 수행은 일승을 실천하는 것이 됩니다. 이 경우에는 삼승이 성불을 위해 수행하는 것을 일컬어 일승이라고 합니다. 넷째, 사람으로 보면 삼승을 실천하는 자는 모두 일승입니다.

그러므로 일승에 대한 이해는 저마다 다를 수 있고, 비유에 대한 두 가지 해석도 나름대로는 일리가 있습니다. 비유에서 말하는 '크고 하얀 소가 끄는 수레'든 '소가 끄는 수레'든 모두 소가 끄는 수레이기는 마찬가지입니다. 일반적으로 '소가 끄는 수레'는 보살승을 가리킨다면, '크고 하얀 소가 끄는 수레'도 보살승을 가리키는 것으로 이해할 수 있을 것입니다. 그러나 굳이 두 수레를 구분하자면 '크고 하얀'이라는 수식어는 보다 훌륭하다는 뜻일 것이므로, '크고 하얀 소가 끄는 수레'를 한층 더 훌륭한 보살승으로 이해할 수 있습니다. 이렇게 구분하면 '크고 하얀 소가 끄는 수레'는 일승 또는 불승을 가리키는 것으로 이해됩니다.

▎ 가난한 아들의 비유 ▎

제4 신해품에 나오는 이 비유의 온전한 이름은 '부호의 가난한 아들의 비유'입니다. 법화경의 비유들 중에서는 먼저 소개한 '불난 집의 비유'와 더불어 가장 유명할 뿐만 아니라, 그 내용도 가장 깁니다. 그래서 우선 이 비유의 요점만 간추리면 다음과 같습니다.

어떤 사람이 일찍이 가출하여 오랫동안 옷과 음식을 찾아 고생하고 있었습니다. 한편 그의 아버지는 아들을 찾아 나섰다가 큰 부자가 되었습니다. 아들은 우연히 이 부자의 저택에 들르게 되었습니다. 그러나 그는 아버지를 알아보지 못하였습니다. 아버지는 아들을 알아보고서 데려오려 하였으나, 아들은 놀라서 기절해 버렸습니다. 그래서 아버지는 자기가 그의 아버지라는 사실을 감추고서 그를 하인으로 고용하여 점차 그에게 큰일을 맡겼습니다. 아버지는 임종이 다가오자 많은 사람들 앞에서 그가 아들임을 밝히고 재산을 그에게 물려주었습니다.

부처님도 이와 같은 방식으로 제자들을 교화한다는 것이 이 비유의 취지입니다. 즉 부처님은 소승의 가르침에 젖어 있는 제자들을 대승의 가르침에 스스로 적응하도록 이끌어 마침내 해탈을 얻게 합니다. 마치 한 편의 영화처럼 이야기를 구성해 나가는 이 비유의 줄거리는 다음과 같습니다.

아버지 곁을 떠나 20년 내지 50년 동안이나 타국에서 지 낸 한 남자가 있었습니다. 그는 됨됨이가 큰 인물이기는 했 지만 가난했습니다. 그래서 그는 생계를 구하면서 먹을 것 과 입을 것을 찾아 이곳저곳을 방랑하다가 타국으로 갔던 것입니다. 한편 그의 아버지도 아들을 찾아 나섰다가 타국 으로 이주하였는데, 그는 거기서 곡식과 온갖 보물이 풍부 한 부호가 되었습니다. 그에게는 힘센 노비와 하인과 고용 인이 있었으며, 많은 코끼리와 말과 소와 양이 있었습니다. 이뿐만 아니라 그는 금융, 농업, 상업으로 사업이 번창하 여 여러 대국들 중에서도 몇 손가락에 꼽히는 자본가가 되 었습니다.

그런데 그 가난뱅이는 먹을 것과 입을 것을 찾아 작은 시 골에서 큰 도시에 이르기까지 온갖 곳을 방랑하던 끝에, 드 디어 어느 도성에 도착했습니다. 이 도성에는 큰 부자가 된 그의 아버지가 살고 있었습니다. 이때 그의 아버지는 이 도 성에 살면서 50년 동안 실종된 자식의 일을 항상 생각하고 있으면서도 아무에게도 알리지 않고 혼자서만 마음속으로 이렇게 고뇌하고 있었습니다.

'나는 해를 거듭할수록 늙어 가고 있고 나에게는 막대한 황금·금화·재보·곡물·저장품·창고가 있지만, 자식은 하나도 없다. 내가 죽게 된다면 이 모든 것은 물려받을 사람도 없이 사라져 버릴 것이다. 나의 그 아들이 이 많은 재산을 물려받을 수 있다면 아무런 여한이 없을텐데.'

그런데 그 가난뱅이가 이 부호의 저택 부근으로 다가왔던 것입니다. 이때 마침 가난뱅이의 아버지인 그 부호는 저택의 현관 부근에서 금은으로 장엄하게 치장한 높은 의자에 앉아, 위세가 당당한 바라문과 왕족, 상인, 노비들의 무리에 둘러싸여 인사를 받으면서 엄청난 황금으로 거래를 하고 있었습니다. 가난뱅이는 부호의 이러한 위용을 보고 자신의 초라한 행색을 생각하자, 모골이 송연하는 듯한 공포에 싸여 이렇게 생각했습니다.

'내가 졸지에 왕이나 대신과 맞닥뜨렸다. 여기서는 나 같은 사람이 할 일이 아무것도 없으니 물러가자. 빈민굴로 가면 얻어 먹는 것은 그다지 어렵지 않을 것이다. 여기서 오래 우물쭈물하다가는 강제로 일하게 되든가 다른 재앙이 덮칠지도 모른다.'

그러나 그가 여기서 도망치려고 할 때, 그 부호는 이 가난뱅이가 자신의 아들이라는 것을·한눈에 알아차렸습니다. 온통 기쁨에 싸인 부호는 발빠른 사람들을 시켜 도망친 그를 데려오게 했습니다. 이들에게 붙들린 그는 공포에 싸인 채 자신은 아무런 잘못을 저지르지 않았다고 큰 소리로 호소했지만, 이들은 그를 막무가내로 끌고 왔습니다. 그러자 자신이 죽게 될 것이라고 생각한 그는 실신하여 땅바닥에 쓰러져 버렸습니다.

상황을 파악한 그의 아버지는 심부름꾼들을 꾸짖고 그를 찬물로 깨어나게 한 후, 더 이상 아무런 말도 하지 않았습니다. 큰 부자인 아버지는 그가 자신의 아들임을 확실히 알았지만, 아들의 비천한 처지를 고려했기 때문입니다. 비천한 처지에 있는 사람이라면 어느 누구라도 영화롭게 사는 부자가 자기 아버지라고 생각할 수는 없을 것입니다.

방편에 능한 그 부호는 방금 데려온 그 가난뱅이가 자신의 아들이라는 사실을 누구에게도 말하지 않고, 하인을 시켜 그가 가고 싶은 대로 가도록 방면해 주었습니다. 이에 가난뱅이는 빈민굴로 갔습니다. 이때 부호는 안색이 좋지 않고 체력도 빈약한 두 남자를 고용하여, 아들을 유인할 수 있는 교묘한 방편을 생각해 냈습니다. 그는 두 사람에게 이렇게 지시했습니다.

"너희들은 여기에 왔던 가난뱅이에게 접근하여 너희의 이름으로 급료를 두 배로 주겠다고 고용하고, 나의 집에서 일을 시켜라. 그가 무슨 일이냐고 묻거든 너희들과 함께 오물을 치우는 일이라고 대답해라."

이리하여 가난뱅이는 그들과 함께 그 부호의 집에서 일하게 되었습니다. 그는 부호의 저택 부근에 있는 초막에서 살았습니다. 자신의 아들이 일하는 모습을 창문으로 지켜보던 부호에게 다시 기발한 생각이 떠올랐습니다.

부호는 우선 더러운 옷으로 갈아입고 흙을 몸에 바른 다음에 바구니를 들고서 가난뱅이에게 접근했습니다. 여기서 그는 바구니를 좀 들어 달라든가 흙을 털어 달라는 따위로 가난뱅이에게 말을 걸었습니다. 이렇게 하여 대화를 나누게 된 부호는 그에게 다른 곳으로 가지 말고 여기서 일하라고 권유했습니다. 이와 동시에 그는 특별한 급료로 항아리든 물병이든 땔감이든 소금이든 음식이든 옷이든 무엇이나 바라는 대로 주겠다고 제안했습니다. 그리고 부호는 그 가난뱅이에게 자신을 아버지로 불러도 좋다고 말했습니다.

이에 덧붙여 그는 정직하고 성실하게 일하는 그에게는 다른 하인들과 같은 결점이 전혀 없으니, 앞으로는 그가 자신의 친아들과 같다고 말해 주었습니다.

이리하여 두 사람은 부자(父子)의 정을 갖게 되었고, 부호는 가난뱅이 아들에게 20년 동안 오물 치우는 일을 시켰습니다. 이 사이에 가난뱅이는 부호의 집을 안심하고 출입할 수 있게 되었지만, 여전히 그는 초막에서 살았습니다. 그런데 쇠약해져서 죽을 때가 다가오고 있음을 깨달은 부호는 그를 불러서 자신의 재산을 관리하는 일을 맡겼습니다. 부호는 자신이 중병에 걸렸으나 재산을 물려주거나 맡길 사람이 없으니, 자신의 재산을 낭비하지 않도록 주인처럼 관리하라고 그에게 부탁했습니다.

가난뱅이는 이 일을 맡으면서 그 재산에 욕심을 갖지 않고 한 푼도 낭비하지 않습니다. 더욱이 그는 이 동안에도 자신은 이전과 같이 가난하다고 생각하면서 초막에서 살았습니다. 이에 부호는 그가 유능한 관리인으로 성장했다는 것과 그가 고결하고 겸손한 성품을 지녔다는 것을 확실히 알게 되었습니다. 부호는 마침내 자신의 임종이 다가오자 그를 불러 친족들에게 소개하고, 왕과 대신 앞에서 많은 사람들에게 그가 자신의 친아들이라는 사실을 밝혔습니다. 부호는 그간의 사정을 설명하고 자신의 모든 재산을 그에게 물려준다고 선언했습니다.

부처님의 법문으로 이상과 같은 이야기를 듣고 난 청중은 이 비유의 취지를 금방 알아차리고 소감을 말합니다. 이 소감에 의하면, 우리는 여래의 아들과 같고, 여래는 우리에게 아버지와 같습니다. 그러므로 부처님은 이 비유로 "너희들은 나의 자식이다"라고 말씀하신 것입니다. 이처럼 위의 비유에서 부호는 부처님, 가난한 아들은 중생을 가리킵니다. 그러나 이 비유는 이것보다 더욱 중요한 뜻을 담고 있습니다. 물론 청중은 이것도 다음과 같이 알아차립니다.

앞의 비유에서 부호는 가난한 아들을 하인으로 데리고 있다가 임종 직전에서야 자신의 모든 것을 그에게 물려줍니다. 가난뱅이 생활에 젖어 있는 아들이 곧바로 부호의 생활이나 신분 상승에 적응하지 못한다는 것을 알기 때문입니다. 하인으로 일하는 동안 가난뱅이 아들은 부호의 배려로 친아들에 걸맞은 능력과 품성을 도야합니다. 여기서 가난뱅이의 생활은 소승의 가르침을 의미하고, 부호의 생활은 대승의 가르침을 의미합니다. 그리고 부호가 가난뱅이 아들을 하인으로 고용하였다가 나중에서야 친아들이라고 밝힌 것은, 부처님이 대중을 제도하는 방편과 같은 것입니다. 이와 같이 부호가 가난에 젖은 아들의 습성을 배려했던 것처럼, 부처님은 소승의 가르침에 탐착해 있는 중생의 습성을 배려하여 중생을 점차 대승으로 인도합니다.

〖 초목의 비유 〗

이 비유는 제5 약초유품에 있으므로 '약초의 비유'로도 불립니다. 그러나 그 내용으로 보면 '초목의 비유' 또는 '구름과 비의 비유'라는 이름이 더 적절합니다. 이 비유의 온전한 이름을 우리말로 바꾸면 '세 가지 풀과 두 가지 나무의 비유'가 됩니다. 이렇게 약간 이상한 이름을 붙이게 된 것은, 구마라집이 묘법연화경에서 이 비유를 다음과 같이 번역했기 때문입니다. 아래는 한글대장경에서 발췌한 것입니다.

가섭아, 비유하면 삼천대천세계의 산과 내와 골짜기와 땅 위에 나는 모든 초목이나 숲, 그리고 약초가 많지마는 각각 그 이름과 모양이 다르니라. 먹구름이 가득히 퍼져 삼천대천세계를 두루 덮고, 일시에 큰비가 고루 내려 흡족하면, 모든 초목이나 숲이나 약초들의 작은 뿌리, 작은 줄기, 작은 가지, 작은 잎과, 중간 뿌리, 중간 줄기, 중간 가지, 중간 잎과, 큰 뿌리, 큰 줄기, 큰 가지, 큰 잎이며 여러 나무의 크고 작은 것들이 상·중·하를 따라서 제각기 비를 받느니라. 한 구름에서 내리는 비가 그들의 종류와 성질을 따라서 자라고 크며 꽃이 피고 열매를 맺나니, 비록 한 땅에서 나는 것이며 한 비로 적시는 것이지마는, 여러 가지 풀과 나무가 저마다 차별이 있느니라.

위의 번역에서는 약초를 뿌리와 줄기와 가지와 잎에 따라 작은 것, 중간 것, 큰 것이라는 세 부류로 열거합니다. 그리고 나무는 크고 작은 것이라는 두 부류로 언급합니다. 그러나 다음에 소개할 줄거리로 알 수 있듯이, 범어로 된 원문에는 숫자로 헤아릴 만한 대목이 없을 뿐만 아니라 셋이니 둘이니 하는 숫자 개념이 그다지 중요하지도 않습니다. 원문에서는 '온갖 식물의 군락'을 저마다 형태와 크기가 다른 잡초와 약초와 나무로 예시할 뿐입니다. 그런데 구마라집의 묘법연화경에서는 이것들을 짜임새 있게 묘사하다 보니, 여기서 셋이니 둘이니 하는 숫자를 헤아릴 수 있게 된 것입니다.

더욱이 묘법연화경이 워낙 유명하다 보니, 나중에는 그 숫자에 특별한 의미를 부여하는 해석도 등장하였습니다. 예를 들어 세 부류의 약초는 각각 인간이나 신, 성문, 연각을 가리킨다고 해석합니다. 그리고 작은 나무는 보살, 큰 나무는 대보살을 가리킨다고 해석합니다. 거시적인 안목에서는 이런 해석도 법화경의 핵심 법문을 이해하는 데 유익할 수는 있겠습니다. 그러나 비유의 초점이 이러한 구분에 있는 것 같지는 않습니다. 또한 비유의 내용에도 그렇게 선명하게 구분할 수 있는 대목은 없습니다.

우선 범어로 된 원문에 따라 이 비유의 줄거리를 소개하면 다음과 같습니다.

모든 세계의 지상에, 혹은 산이나 계곡에는 저마다 이름이 다른 온갖 식물의 군락, 즉 색깔과 종류가 다른 온갖 잡초와 약초와 크고 작은 나무들이 자라고 있습니다. 그리고 이것들 위에서는 많은 물을 가득 품은 구름이 떠올라 세계의 모든 것을 덮다가, 온통 뒤덮게 되는 곳에 이르러 일시에 비를 쏟아 냅니다. 이 경우, 모든 세계에는 싹이나 가지나 잎이나 꽃이 어리고 연약한 잡초와 약초와 크고 작은 나무들이 있는가 하면 줄기가 두꺼워져 크게 자란 것들도 있습니다.

그런데 이것들은 모두 그 역량과 그 장소에 따라, 큰 구름에서 쏟아지는 비로부터 수분을 흡수합니다. 그리고 이것들은 동일한 구름에서 쏟아진 동일한 맛의 많은 수분에 의해 제각기 씨앗에 따라 성장하고, 꽃을 피우고, 열매를 맺으며, 저마다 다른 이름으로 불립니다. 그러나 동일한 토지에서 자란 약초의 군락이든 같은 종류의 씨앗이든 이것들은 모두 동일한 맛의 수분으로 생기를 얻습니다.

완전한 깨달음을 얻어 존경받을 만한 여래는 바로 이와 같이 이 세상에 출현합니다. 큰 구름이 떠오르듯이 여래도 이 세상에 출현하여 인간과 신과 아수라를 포함한 모든 세상에 음성을 울립니다. 그리고 큰 구름이 모든 세계의 모든 것을 덮듯이, 완전한 깨달음을 얻어 존경받을 만한 여래는 인간과 신과 아수라를 포함한 모든 세상에 말씀을 소리 내어 음성을 듣게 합니다.

부처님의 가르침은 한 가지로 동일하지만 중생들은 이 것을 저마다 다르게 받아들입니다. 위의 비유는 이러한 사실을 쉽게 이해할 수 있도록 식물을 예로 들어 설명하고 있습니다. 우리가 상식으로 알다시피 식물은 씨앗에 따라 다른 모양으로 성장하여 저마다 다른 이름을 갖게 됩니다. 즉 씨앗들은 빗물을 섭취하여 저마다 이름이 다른 식물로 성장하는 것입니다. 그러나 그 씨앗을 싹트게 하는 빗물에는 아무런 차이가 없습니다. 이 경우에 빗물은 구름으로부터 쏟아진다는 것도 우리가 잘 아는 사실입니다.

여기서 식물은 중생과 같다고 생각하면, 이 비유의 취지를 금방 알아차릴 수 있습니다. 식물의 씨앗은 중생의 역량을 가리킵니다. 이런 역량을 불교에서는 근기라고 합니다. 세상의 식물들은 저마다 씨앗이 다르기 때문에, 구름이 품은 동일한 빗물을 다르게 섭취함으로써 저마다 다른 형태로 성장합니다. 그래서 이 세상에는 서로 이름이 다른 온갖 잡초와 약초, 그리고 크고 작은 나무들이 있습니다.

이와 마찬가지로 중생들은 저마다 근기가 다르기 때문에, 동일한 진리를 가르치는 부처님의 음성을 듣고서도 제각기 다르게 이해하여 갖가지 양상으로 살아갑니다. 그러므로 앞의 비유에서 구름은 부처님의 음성을 의미하고, 빗물(비)은 그 음성으로 가르치는 동일한 진리를 의미합니다. 그리고 온갖 잡초와 약초와 크고 작은 나무들은 저마다 근기가 다른 중생을 가리킵니다.

그런데 우리는 이 비유에서 '비를 받는 자'와 '비를 주는 자'를 구분하여 비유의 취지를 다시 생각해 볼 수 있습니다. 먼저 비를 받는 자의 입장에서 생각해 보면, 부처님은 동일한 진리를 중생에게 평등하게 가르치지만, 중생들은 그 진리를 각자의 근기에 따라 받아들임으로써 저마다 다르게 이해할 수 있습니다. 그러나 비를 주는 자의 입장에서 생각해 보면, 자연의 상황에 따라 구름의 모양이 다르듯이, 진리를 가르치는 부처님의 음성(말씀)도 상황에 따라 다를 수 있습니다. 구름에서 쏟아지는 빗물은 구름의 모양과는 무관하게 똑같은 맛을 가지고 있습니다. 이와 마찬가지로 부처님의 말씀도 상황에 따라 다르게 표현될지라도 누구에게나 똑같은 진리를 담고 있습니다. 다시 말하면 부처님은 동일한 진리를 중생의 근기에 따라 다양한 말로 표현합니다.

그러므로 비를 받는 자의 입장에 있는 우리는, 부처님의 말씀이 한결같지 않은 이유가 여기에 있다고 알아야 합니다. 우리가 부처님의 말씀을 자기의 근기에 맞추어 이해하고 실천하면, 부처님이 가르친 진리에 더욱 다가갈 수 있습니다. 이 같은 자세로 노력하는 사람은 마침내 부처가 된다는 것이 이 비유의 교훈입니다. 이와 아울러 이 비유는 자기의 근기에 따라 이해하고 실천한 것으로 부처님의 가르침을 모두 깨달은 양 자만하지 말라는 훈계도 담고 있습니다. 그래서 이 비유를 구사한 약초유품에서 부처님은 다음과 같은 게송으로 이 법문을 마칩니다.

> 그 성문들은 모두 열반에 들어간 것이 아니요,
> 그들은 모두 빼어난 깨달음의 수행에 노력하니,
> 이 모든 성문들은 장차 부처가 될 것이니라.
> 이것이 곧 내가 진실로 설하는 최상의 진리이니라.

이것은 범어 원문을 번역한 것입니다. 아래에 소개한 것은 구마라집의 번역을 우리말로 옮긴 것입니다. 법문의 취지는 아래의 번역에 더욱 잘 드러나 있습니다.

> 이제 너희들을 위해 가장 진실한 것을 말하나니,

성문들이 얻은 것은 모두 열반이 아니네.

너희들이 닦아야 할 것은 곧 보살도뿐이니,

점차 닦고 배우면 모두가 마땅히 부처 되리라.

성문은 부처님과 같은 성자의 가르침을 말과 글로써 배우고 실천하는 제자입니다. 그러므로 지금 불교를 공부하는 우리도 모두 성문에 해당합니다. 그래서 우리는 불교를 공부하거나 수행하는 도중에 어떤 새로운 사실을 일시에 또는 점차 깨닫게 될 것입니다. 그러나 우리가 이것으로 전부를 깨달았다고 안주한다면, 이것은 아직 불교의 진리에 도달하지 못한 것입니다. 더욱 진실한 것을 추구하여 끊임없이 노력할 때라야 그 사람은 자신도 모르는 사이에 궁극의 목적을 달성하게 될 것입니다. 부처가 된다는 것은 이런 것입니다.

초목의 비유는 이와 같이 자기를 끊임없이 반성해 가며 노력하는 자세도 권유하고 있습니다. 묘법연화경의 약초유품에는 '초목의 비유'만 소개되어 있지만, 범어로 된 원본에는 여기에 '장님의 비유'가 하나 더 추가되어 있습니다. 부처님은 이 비유로, 그때그때 얻은 것으로 교만해지기 쉬운 성문의 태도를 경계합니다. 그러므로 현자의 말씀을 바르게 이해한 자라면, 이전에는 지혜도 적었고 경험도 적었으며 맹목 상태로 있었다는 것을 반성해야 합니다. 이것이 '장님의 비유'로 일깨우는 교훈입니다.

이와 같은 '장님의 비유'는 앞에 소개한 마지막 게송을 보충 설명하는 법문입니다. 그러므로 이 비유가 묘법연화경에는 없더라도, 우리는 이것을 '초목의 비유'에 포함된 교훈으로 이해해야 할 것입니다. 장님의 비유는 맨 나중에 소개합니다.

｜【 가짜 도성의 비유 】｜

법화경의 제5 약초유품이 비유의 이름을 제목으로 내걸었듯이, 제7 화성유품이라는 제목에서 '화성유'도 비유의 이름입니다. 여기서 화성(化城)이란 환술로 지어낸 가짜 도성을 의미합니다. 그리고 이 비유의 온전한 이름은 '가짜 도성과 보물 장소의 비유'입니다. 이 같은 이름을 붙인 이유는 아래에 소개한 줄거리로 알 수 있을 것입니다.

아무도 가본 적이 없는 약 5천 킬로미터나 되는 광활한 밀림이 있고, 이 밀림을 통과하면 보물섬이 있습니다. 한 무리의 상인들이 보물섬으로 가기 위해 이곳에 도착했습니다. 이들 중에는 현명하고 박식하고 총명하고 세심할 뿐만 아니라 밀림의 험로에 정통한 안내인이 있었습니다. 이 안내인은 상인들이 밀림을 벗어날 수 있게 하려고 무던히 애쓰고 있었습니다. 그런데 상인들은 밀림이 너무 멀리까지 뻗어 있는데다가 자기들은 지쳐 있고 불안하고 두려우니 되돌아가고 싶다고 안내인에게 호소했습니다.

교묘한 방편에 능한 그 안내인은 그들의 마음을 알고서 이런 상태로는 그들을 보물섬으로 데려갈 수 없다고 생각했습니다. 그래서 그는 그들을 배려하여 교묘한 방편을 강구했습니다. 그는 밀림의 한가운데에 신통력으로 도성을 짓고 나서 사람들에게 말했습니다.

"여러분, 두려워할 것 없습니다. 되돌아가서는 안 됩니다. 저 곳에 많은 사람들이 살고 있으니 거기서 쉬십시오. 뭔가 할 일이 있다면 그것도 모두 저 곳에서 할 수 있고, 안락하게 머물 수 있습니다. 거기서 쉬고 나면, 뜻이 있는 사람은 보물섬으로 가기에도 쉬울 것입니다."

이에 상인들은 불가사의하고 이상하다고 느끼면서도,

밀림을 탈출하여 그곳에서 안심하고 지내자고 생각했습니다. 그리고 그들은 신통력으로 만든 도성으로 들어가 목적지에 도착했다고, 구출되었다고 생각하여 안도의 숨을 쉬고 안정을 되찾았습니다. 이리하여 안내인은 상인들의 피로가 해소되었음을 알고서, 신통력으로 만든 도성을 없앤 후에 그들에게 이렇게 말했습니다.

"여러분, 이리 오십시오. 저 큰 보물섬은 지척에 있습니다. 그 도성은 여러분을 쉬게 하기 위해 내가 만든 것일 뿐입니다."

위의 이야기에서 안내인은 중생을 인도하는 부처님, 한 무리의 상인들은 중생, 보물은 일승, 밀림은 중생이 극복해야 할 번뇌를 가리킵니다. 따라서 이 비유도 일승과 방편이라는 핵심 법문과 연관되어 있습니다. 앞에서 충분히 설명했듯이 삼승은 저마다 일승에 도달하기 위한 방편입니다. 그래서 부처님은 화성유품의 법문을 끝내기 직전에 다음과 같은 게송으로 이전 법문의 핵심을 또 한번 일러 줍니다.

위대한 현자(부처)가 세 가지 탈것을 제시한 것은 지도

자들의 교묘한 방편이니라.

탈것은 하나뿐이고 둘째의 것은 없지만, 안심시키고자
두 탈것을 제시한 것이니라.

묘법연화경에는 이 게송이 다음과 같이 간결하게 번역
되어 있습니다.

부처님네 방편으로 분별하여 삼승을 설하시니,

일불승뿐이지만 쉽게 하려 이승을 설하시니라.

부처님은 이 게송에 이어 부처의 지혜를 얻기 위해 최선
의 노력을 다하라고 당부합니다. 그러므로 우리는 '가짜
도성의 비유'로 끝까지 포기하지 말고 애써 노력하라는 교
훈도 얻을 수 있습니다.

【 옷 속 구슬의 비유 】

제8 오백제자수기품에 나오는 이 비유의 온전한 이름은
'옷 속에 달아 둔 보배 구슬의 비유'입니다. 앞서 소개한
비유들과 비교하면 이 비유는 한결 이해하기 쉬운 이야기

로 이루어져 있습니다. 그리고 비유의 요지도 다음과 같이 간단합니다.

어떤 사람이 친구의 옷 속에 보배 구슬을 매달아 두었습니다. 그러나 그 친구는 자기에게 구슬이 있다는 사실을 모른 채 음식과 옷을 구하고자 고생하고 있었습니다. 이에 구슬을 달아 주었던 사람은 친구에게 그 사실을 깨우쳐 주었습니다.

이 같은 요지로 구성된 이야기의 줄거리는 아래와 같습니다.

어떤 남자가 친구의 집에 가서 술에 취해 잠들게 되었습니다. 그 사이에 그 친구는 그에게 쓸모가 있기를 바라면서 매우 귀중한 고가의 구슬을 옷의 안쪽에 달아 두었습니다. 그리고 그 남자는 깨어난 후 여행을 계속하여 다른 지방으로 갔습니다. 거기서 그는 곤궁하게 되어 먹을 것과 입을 것을 얻기도 어려운 처지에 빠졌습니다. 그래서 애써 노력하여 겨우 약간의 음식밖에 얻을 수 없었지만, 그는 이것만으로도 만족하고 기뻐하며 지냈습니다. 그러던 차에 그는 자신의 옷 속에 귀중한 구슬을 달아 두었던 친구를 다시 만났는데, 그 친구는 이렇게 말했습니다.

"자네는 왜 먹을 것과 입을 것을 구하고자 고생하고 있는가? 나는 자네가 편안하게 살도록 모든 욕망을 충족시킬 만한 귀중한 구슬을 자네의 옷 안쪽에 달아 두었던 것인데, 이것이 어떻게 된 일인가? 그 구슬은 내가 자네에게 준 것일세. 그래서 구슬을 자네의 옷 안쪽에 매달았던 것이네. 그런데도 자네는 '내 옷에 매달려 있는 것이 무엇일까, 누가 무엇 때문에 무슨 목적으로 달아 둔 것일까' 하고 이리 저리 생각해 보지도 않았단 말인가. 자네가 먹을 것과 입을 것을 구하려고 고생하면서도 만족하고 있다는 것은 어처구니없는 일일세. 가 보게. 이 보배 구슬을 갖고 큰 도시로 가서 금으로 바꾸고, 그 금으로 할 수 있는 것은 무엇이나 해 보게."

위의 이야기에서 구슬을 달아 준 사람은 부처님, 이 사실을 모르고 고생하는 친구는 중생, 구슬은 일승을 가리킵니다. 그렇다면 "중생은 저마다 일승이라는 구슬을 갖고 있으니, 이 사실을 깨달아 일승을 구슬처럼 잘 활용하면 성불할 수 있다"라고 가르치는 것이 이 비유의 취지입니다. 따라서 이 비유도 법화경의 핵심 법문 중 일불승의 법문과 연관되어 있습니다. 다만 이 경우의 일승은 다른 경전에서 가르치는 불성 또는 여래장과 유사하다는 점에서 특별히 주목할 만합니다.

대승불교의 경전들 중에는 불성 또는 여래장을 법문의 주제로 취급하는 경전들이 많이 있습니다. 이런 경전들에서는 모든 중생은 비록 번뇌에 싸여 있더라도 불성 또는 여래장을 갖추고 있기 때문에 부처님의 가르침에 의지하여 해탈할 수 있다고 가르칩니다. 여기서 불성이나 여래장은 부처가 될 수 있는 본성을 의미합니다. 그러므로 '옷 속 구슬의 비유'에서 말하는 구슬, 즉 일승도 이 같은 불성이나 여래장에 해당한다고 이해할 수 있습니다.

그런데 우리는 일승이든 불성이나 여래장이든 이러한 것이 자신에게 갖추어져 있다는 사실을 각성하지 못한 채 살아갑니다. 이것이 문제입니다. 그래서 위의 비유에서도 이러한 문제를 크게 중시하여 지적하고 있는 것입니다. 우리말에 "구슬이 서 말이라도 꿰어야 보배"라는 속담이 있습니다만, 이 비유는 구슬을 찾아 놓지 않으면 꿰지도 못한 다고 가르치는 것과 같습니다.

〖 상투 보석의 비유 〗

제14 안락행품에 나오는 이 비유에서 '상투 보석'이란 상투를 장식하는 보석 또는 보관을 가리킵니다. 그리고 이 상투 보석은 법화경을 상징합니다. 따라서 이 비유는 우선 법화경의 소중함을 일깨우는 데 목적이 있는 것처럼 보입니 다. 그러나 이것만이 전부가 아닙니다. 비유의 내용을 음미 하면 이보다 더 깊은 뜻이 담겨 있음을 알게 될 것입니다.

예부터 국왕은 전쟁에서 공을 세운 병사들에게 적당한 상을 주었습니다. 그러나 어떤 병사가 아무리 큰 공을 세우 더라도 국왕은 자신의 표지이자 하나뿐인 상투의 보석만은 함부로 줄 수 없습니다. 그러나 왕이 이것마저 준다면 모두 가 놀랄 것입니다. 이 비유는 이 같은 상황을 간단한 이야 기로 구성하여, 여래(부처님)가 법화경을 설한 것은 상투의 보석을 준 것과 같은 경이로운 일이라고 설명합니다. 상투 의 보석과 같은 소중한 것을 아무나 얻을 수는 없을 것입니 다. 그러므로 이 비유는 일대사인연의 법문, 즉 법화경을 이해하기 위해 갖추어야 할 자세를 고쳐시키려는 데 또 하나의 목적이 있습니다.

이 비유의 줄거리는 아래와 같습니다. 아래의 비유에서는 이야기를 두 단계로 진행하면서 각 단계마다 비유가 의도하는 실제 의미를 알려 줍니다.

군대를 통솔하는 왕이 무력으로 자신의 왕국을 평정하고 나면, 그 왕은 자신에게 대항하는 적국의 왕들과 교전하게 됩니다. 이때 군대를 통솔하는 그 왕의 휘하에 있는 모든 병사들이 그 적들과 싸웁니다. 그러면 그 왕은 병사들이 싸우는 것을 지켜보고, 병사들의 용맹으로 환희에 넘칩니다. 환희에 넘친 그는 그 병사들에게 여러 가지로 포상합니다.

예를 들면 촌락이나 촌락의 토지, 도성이나 도성의 토지를 줍니다. 또는 의복이나 천, 몸을 치장할 온갖 장신구, 금이나 온갖 종류의 보석, 코끼리, 말, 전차, 보병, 노비, 가마 따위를 줍니다. 그러나 상투의 보석은 아무에게도 주지 않습니다. 왜냐하면 왕의 머리에 있는 그 상투의 보석은 오직 하나뿐이기 때문입니다. 그런데 더 나아가 왕이 그 상투의 보석마저 준다면, 네 부류로 구성된 왕의 군대는 모두 일찍이 없었던 이 일에 크게 놀라고 감탄할 것입니다.

이와 마찬가지로, 완전한 깨달음을 얻어 존경받을 만한 여래는 법의 소유주이자 법의 왕으로서, 복덕의 힘으로 쟁취한 법에 의해 삼계에서 법의 왕국을 통치합니다. 흉악한 악마가 그의 삼계를 침략하자, 여래의 고귀한 병사들이 악마와 교전합니다. 이때 여래는 고귀한 병사들이 싸우는 것을 지켜보고서, 네 부류의 대중인 그들을 기쁘게 하기 위해 수많은 온갖 경전을 설해 주었습니다. 또 열반이라는 도성과 위대한 법이라는 도성을 주고 열반으로써 그들을 고무시켰습니다. 그러나 아직 이러한 법문(법화경)을 설해 주지는 않았습니다.

여기서 군대를 통솔하는 왕은 그 병사들이 대단한 용맹을 떨쳐 싸우는 것에 경탄하여, 마침내 자신이 소유한 것들 중에서 최후의 것이고, 세상 사람들이 믿을 수 없을 만큼 놀라운 것이며, 오랫동안 간직해 온 상투의 보석마저 그들에게 줍니다.

이와 마찬가지로 여래는 성문이나 보살들이 5온(蘊)이라는 악마와 번뇌라는 악마와 싸우고 있는 것을 지켜봅니다. 그들이 탐욕과 증오와 미혹을 소멸하고 삼계의 모든 것으로부터 벗어나, 대단한 용맹을 떨쳐 모든 악마들을 격퇴할 때, 여래는 환희에 넘쳤습니다. 그래서 그는 이 고귀한 병사들에게 세상 사람들이 쉽게 믿을 수 없고, 이제까지 말한 적도 가르친 적도 없는 이러한 법문(법화경)을 설했던 것입니다. 여래는 모두에게 전지자의 표지가 되는 위대한 '상투의 보석'과 같은 것을 제자들에게 줍니다.

이것이야말로 여래들의 최고의 설법이며, 여래들이 설하는 최후의 법문입니다. 이 법문은 모든 법문들 중에서도 가장 심원하며, 모든 세상에서 받아들이기 어려운 것입니다. 군대를 통솔하는 왕이 오랫동안 간직해 온 상투의 보석을 풀어서 주듯이, 여래는 지금 그것(법화경)을 설해 주고 있는 것입니다.

위와 같이 이 비유는 이야기에 함축된 본뜻도 상세하게 밝히고 있으므로 덧붙여 설명할 것이 없습니다. 그래도 한 가지 덧붙여 주목할 만한 것은 이 비유의 탁월한 문학적 수법입니다. 즉 여기서는 나라들 사이의 전쟁을 수행자가 번뇌라는 적과 싸우는 전쟁으로 바꾸어, 법화경의 가치를 드높이고 있습니다. 법화경은 번뇌와의 전투에서 용맹을 떨친 자들이 받을 수 있는 최고의 포상입니다. 이러한 법화경은 이제까지 설한 적이 없는 가장 심원한 법문입니다. 그러므로 모든 대중은 법화경을 듣게 된 것을 영광으로 여기고 이것을 잘 간직해야 합니다. 이 비유의 마지막 대목에는 이같은 취지가 잘 드러나 있습니다.

⟦ 의사 아들의 비유 ⟧

제16 여래수량품에 나오는 이 비유에서 의사는 자식에게 좋은 약을 처방하는 훌륭한 의사입니다. 그런데 이 경우의 '좋은 약'이란 사실은 방편으로 허용되는 거짓말입니다. 좋은 목적을 위해서는 거짓말도 용납된다는 것이 방편의 취지라면, 이 비유는 그러한 방편의 대표적인 사례가 될 것입니다. 아래에 소개한 이 비유의 줄거리에서 이 점을 확인할 수 있습니다.

학식을 갖추고 현명하며 모든 병을 치료하는 데 매우 능숙한 한 의사가 있습니다. 그에게는 10명 내지 100명의 많은 자식들이 있습니다. 그런데 그 의사가 외국에 나가 있는 사이에 자식들은 독극물을 잘못 마시고 땅바닥에 나뒹굴 정도로 극심한 고통에 시달리게 되었습니다.

외국에서 돌아온 그 의사가 자식들을 보니, 어떤 자식들의 정신은 정상이었지만 다른 자식들은 정신착란에 빠져 있었습니다. 그들은 아버지에게 독을 제거하여 생명을 구해 달라고 호소하였습니다. 고통에 시달리고 있는 자식들을 본 의사는 색과 향과 맛이 뛰어나고 잘 듣는 약을 조제하여 그들에게 복용하라고 말했습니다.

이때 정신착란에 빠지지 않은 자식들은 이내 그 약을 복용하여 고통으로부터 말끔히 해방되었습니다. 그러나 정신착란에 빠진 자식들은 아버지를 반갑게 맞이하면서도 조제해 준 약을 복용하지 않았습니다. 왜냐하면 그들은 정신착란에 빠진 탓으로, 조제한 약의 색과 향기와 맛이 좋다는 것을 알아차리지 못하기 때문입니다. 그래서 그 의사는 교묘한 방편을 사용하여 이 아이들에게 약을 먹여야겠다고 생각하여 이렇게 말했습니다.

"얘들아, 나는 나이가 들어 노인이 되었고, 죽을 날도 가까워졌다. 하지만 얘들아, 너희들은 슬퍼하거나 낙담하지 말아라. 이것은 내가 너희들을 위해 준비한 훌륭한 약이다. 복용하고 싶은 생각이 들거든 이 약을 복용하도록 해라."

그는 교묘한 방편으로 자식들에게 이렇게 지시하고 나서 다른 지방으로 떠났습니다. 그리고 그곳에서 병든 자식들에게 자기가 죽었다고 알렸습니다. 이에 자식들은 의지할 보호자를 잃은 슬픔에 젖어 크게 탄식하고 통곡했습니다. 그들은 이렇게 의지할 사람이 없게 된 자신들을 반성하고 반복하여 비탄해 하다가 제정신으로 돌아왔습니다. 그리고 그들은 약이 갖춘 좋은 색과 향과 맛을 그대로 알아차리게 되어, 그 약을 복용했습니다. 이리하여 그들은 고통으로부터 해방되었습니다. 이때 그 의사는 이 사실을 알고서 그들 앞에 다시 나타났습니다.

위의 이야기에서 의사는 부처님, 정신착란에 빠져 약을 먹지 않은 자식들은 우매한 중생, 약은 부처님의 가르침, 의사의 거짓말은 방편으로서의 열반을 가리킵니다. 여기서 비유의 목적은 열반이 방편이라는 것을 알리는 데 있습니다.

이 비유는 세상에서 용납될 수 있는 선의의 거짓말을 예로 들어, 무량한 수명을 지닌 부처님이 군이 열반에 든 이유를 설명합니다. 환자를 치료하거나 위로하기 위한 의사의 거짓말처럼 부처님의 열반도 거짓이지만, 이 거짓은 중생을 제도하기 위한 방편입니다. 비유에서 약을 먹지 않는 자식들은 부처님의 수명이 무량하다는 것을 믿지 않는 중생과 같습니다. 이러한 중생들은 부처님의 열반을 보고서야 비로소 부처님의 가르침을 되새기고 믿게 됩니다. 이들이 부처님의 진실한 가르침에 눈을 뜰 때면, 열반에 든 줄로 알았던 부처님을 다시 보게 됩니다. 이리하여 이들은 부처님이 항상 중생과 함께 있음을 알게 될 것입니다.

결국 부처님이 스스로 열반을 보여 준 것은 중생을 제도하기 위한 방편일 뿐입니다. 이 같은 방편은 세상 사람들이 말하는 거짓과는 다릅니다. 그래서 부처님은 이 비유 끝에 다음과 같은 설법을 덧붙인 것입니다.

이와 마찬가지로 양가의 자식들이여! 나는 최상의 완전한 깨달음을 얻은 지 헤아릴 수 없을 만큼 긴 수천만, 백만, 십만 겁이 되었지만, 나 역시 때맞춰 중생들을 제도하기 위해 이렇게 교묘한 방편을 드러낸 것이니라. 그러나 이 점에서 나의 말은 전혀 거짓이 아니니라.

이 비유의 취지는 앞서 소개한 여래수량품의 구원게에

잘 드러나 있고, 거기서 충분히 설명했습니다. 그러므로 여기서는 그것을 재차 설명할 필요가 없을 것입니다.

2. 여덟 가지 비유

〖 장님의 비유 〗

앞에서 소개한 일곱 가지 비유에 '장님의 비유'를 추가한 것을 '법화 8유'라고 합니다. 이 비유는 제5 약초유품에 나오지만, 구마라집이 번역한 묘법연화경에는 없고 법화경의 범어 원본에만 있습니다. 원본에서는 이 비유가 '초목의 비유'를 보충하는 형태로 부가됨으로써 약초유품의 법문이 완결됩니다. 그리고 내용으로 보면 이 비유의 온전한 이름으로는 '약초로 눈뜬 장님의 비유'가 합당합니다. 이것을 줄여서 '약초의 비유'로 부르기도 합니다. 그러나 이 약칭은 앞에 있는 '초목의 비유'를 가리키는 경우가 많습니다. 이로 인한 혼동을 피하기 위해 선택한 이름이 '장님의 비유'입니다.

이 비유에서 부처님은 우매한 중생을 선천적인 장님에

빗대어, 장님이 4종의 약초로 시력을 얻은 뒤에 이전의 맹목 상태를 반성하고 지혜를 얻고자 각성하는 과정을 차근차근 가정법으로 설명합니다. 그래서 이 비유는 다른 비유들에 비해 논리적이고 심층적인 설명으로 독자를 설득하는 효과를 자아냅니다. 또한 여기서는 과거 인도에서 통용되었던 의술의 일면을 엿볼 수 있다는 점이 흥미롭습니다. 이 비유의 줄거리는 다음과 같습니다.

장님으로 태어난 사람은 이렇게 말합니다.

"형상이 좋은 것도 나쁜 것도 없고, 형상이 좋거나 나쁜 것을 보는 사람들도 없다. 태양이나 달도 없고 별이나 유성도 없으며, 유성을 보는 사람들도 없다."

그러면 다른 사람들은 그 장님 앞에서 이렇게 말할 것입니다.

"형상이 좋은 것과 나쁜 것이 있다. 형상이 좋거나 나쁜 것을 보는 사람들도 있다. 태양이나 달도 있고 별이나 유성도 있으며, 유성을 보는 사람들도 있다."

그러나 그 선천적인 장님은 이러한 사람들을 신용하지 않을 것이고, 그 말을 이해하지 못할 것입니다. 이때 모든 병에 통달한 의사가 있다면, 그는 그 선천적인 장님을 보고 이렇게 생각할 것입니다.

'이 사람은 전생의 악업으로 병에 걸렸다. 모든 병은 네 종류로 발생한다. 즉 풍(風)에서 유래한 것, 담즙에서 유래한 것, 점액에서 유래한 것, 이것들이 복합된 것이다.'

그리고 이 의사는 그의 병을 치유하기 위해 누차 방법을 궁리하여 이렇게 생각할 것입니다.

'사실 현재 사용되는 어떠한 약으로도 이 병을 치유할 수는 없다. 그러나 산의 왕인 히말라야 산에는 네 종류의 약초가 있다. 첫째는 모든 염증과 고름의 뿌리에 침투하는 것(침투제)이고, 둘째는 모든 병고를 완화하는 것(해열제)이고, 셋째는 모든 독을 해소하는 것(해독제)이고, 넷째는 병의 근원에 따라 적응하여 행복을 주는 것(진정제)이다.'

여기서 의사는 그 선천적인 장님을 가엾이 여겨 히말라야 산으로 가는 방법을 강구할 것입니다. 그는 그곳에 도착하여 높거나 낮은 곳을 오르락내리락하고 좌우로 가로지르면서 탐색하여 네 종류의 약초를 구할 것입니다. 얻고 나면 어떤 약초는 이빨로 씹어서 주고, 어떤 것은 갈아서 주고, 어떤 것은 다른 약제와 섞어 달여서 줄 것입니다. 또 어떤 것은 생약과 섞어서 주고, 어떤 것은 신체에 직접 넣어 주고, 어떤 것은 불로 태워서 줄 것입니다. 또 어떤 것은 다른 여러 가지 약과 혼합한 후 그 밖의 음식물 따위에 섞어서 줄 것입니다. 이러한 치료 방법으로 그 선천적인 장님은 시력을 얻게 될 것입니다. 시력을 얻은 그는 안팎의 것, 멀거나 가까운 것, 달빛이나 햇빛, 별이나 유성 등 모든 사물을 보고서 이렇게 말할 것입니다.

"나는 정말 어리석었구나. 이전에는 말해 주는 사람이 있어도 그것을 믿지 않고 말한 것도 이해하지 못했다. 그런 내가 이제는 모든 것을 볼 수 있다. 나는 시력을 얻어 맹목의 상태로부터 해방되었다. 나보다 뛰어난 자는 아무도 없다."

이때 5종의 초자연적인 능력을 지닌 현자들이 있었다고 합시다. 신과 같은 시력, 신과 같은 청력, 타인의 마음을 아는 지혜, 전생의 상태를 기억하는 지혜를 갖추고 신통력으로 타인을 해탈시키는 데 정통한 그들은 그 사람에게 이렇게 말할 것입니다.

"여보게, 자네는 단지 시력을 얻은 것일 뿐, 자네가 아는 것은 아무것도 없네. 어찌하여 자네는 교만하게 되었는가? 자네는 지혜도 없고 학식도 없네."

그들은 계속하여 그가 방안에 앉아서는 바깥에 있는 것을 보거나 알지 못하고, 다른 사람들이 어떤 마음을 갖고 있는지도 모르고, 먼 곳에 있는 사람들이 말하는 것도 모르고, 먼 곳에서 울리는 북이나 나팔의 소리를 듣거나 알지 못하고, 어머니의 태내에서 성장했던 사실을 기억해 내지도 못한다고 말할 것입니다. 이와 아울러 그들은 그에게 어떻게 학식이 있다든가 모든 것을 본다고 말할 수 있겠느냐고 하면서, 이전에는 암흑을 광명으로 생각하고 광명을 암흑으로 생각하고 있었다는 점을 각성하라고 말할 것입니다.

이에 그 사람은 현자들에게 지혜를 얻을 수 있는 방법을 묻고, 은혜를 베풀어 덕성을 얻게 해 달라고 간청할 것입니다. 그러면 현자들은 숲속이나 산속의 동굴에 앉아서 진실을 고찰하고 번뇌를 끊어 청정한 덕성을 갖추게 되면, 초자연적인 능력을 얻을 것이라고 말할 것입니다. 그는 이 말의 뜻을 이해하고 출가하여, 마음을 집중하고 세속의 욕망을 끊어 5종의 초자연적인 능력을 얻을 것입니다. 이리하여 그는 이렇게 생각할 것입니다.

'저는 이전에는 다른 행동을 한 탓으로 아무런 덕성을

얻지 못했습니다. 이제 저는 바라는 대로 나아갈 수 있습니다. 이전에 저는 지혜도 적었고 경험도 적었으며 맹목 상태로 있었습니다.'

위의 비유에서 의사는 부처님, 선천적인 장님은 '무지의 암흑'(무명)에 싸여 있는 중생, 네 종류의 약초는 불교의 근본 진리인 4성제를 가리킵니다. 이 비유에 뒤따르는 법문에 의하면 장님은 특히 일승에 무지한 중생을 가리킵니다. 그리고 의사가 장님의 눈을 뜨게 한 것은 부처님이 삼승으로 중생을 교화한 것과 같으며, 시력을 얻은 장님이 수행하여 자신을 반성하고 각성한 것은 일승을 깨달은 것과 같습니다.

▮ 여덟 비유의 구조 ▮

이제까지 소개한 여덟 가지 비유를 법화경에 나오는 순서대로 다음과 같이 배열할 수 있습니다. 이것들 중 '장님의 비유'는 맨 나중에 소개했지만, 법문의 순서로 보면 '초목의 비유' 다음에 배열됩니다. 다음에서 이것들을 좌우 대칭으로 두 개씩 하나의 짝을 지어 배열한 데는 그럴 만한 이유가 있습니다.

① 불난 집의 비유(제3 비유품)　　　⑤ 가짜 도성의 비유(제7 화성유품)

② 가난한 아들의 비유(제4 신해품)　⑥ 옷 속 구슬의 비유(제8 오백제자수기품)

③ 초목의 비유(제5 약초유품)　　　⑦ 상투 보석의 비유(제14 안락행품)

④ 장님의 비유(제5 약초유품)　　　⑧ 의사 아들의 비유(제16 여래수량품)

　이 배열에서 좌우의 두 비유들끼리는 하나로 엮을 수 있는 주제를 공유합니다. 법화경의 법문이 처음부터 이런 구조를 의도한 것은 아닐 수 있습니다. 어쨌든 비유들의 연관을 분석해 보면, 법화경의 유명한 여덟 비유는 교묘하고 효과적인 상관 구조로 이루어져 있음을 발견할 수 있습니다. 이런 구조로 이야기를 달리하면서도 동일한 법문의 취지를 다시 한번 되새길 수 있게 한 것입니다.

　①(불난 집의 비유)과 ⑤(가짜 도성의 비유)의 취지는, 부처님이 방편을 사용하여 곤경에 빠진 중생을 구제한다는 것입니다. 이 점에서 두 비유의 주제는 동일합니다. '불난 집의 비유'에서 아버지(부처님)는 세 가지 수레로써 불길에 싸인 아이(중생)들을 회유하여 구출합니다. '가짜 도성의 비유'에서 안내인(부처님)은 험로에 부딪혀 되돌아가려고 하는 상인(중생)들을 가짜 도성으로써 회유하여 목적지로 인도합니다. 부처님은 이와 같이 방편을 사용하여 중생을

일승의 세계로 인도합니다. 이 점을 깨닫게 하려는 데 비유 ①과 ⑤의 목적이 있습니다.

②(가난한 아들의 비유)와 ⑥(옷 속 구슬의 비유)에 의하면, 중생은 부처님의 배려로 자신의 역량을 회복하여 고달프고 궁핍한 삶으로부터 벗어날 수 있습니다. '가난한 아들의 비유'에서 가난한 아들(중생)은 성실한 노력 끝에 자신의 아버지(부처님)가 부호임을 알게 되고, 아버지는 모든 재산을 아들에게 물려줍니다. '옷 속 구슬의 비유'에서 한 남자(중생)는 자신의 옷 속에 친구(부처님)가 몰래 구슬을 달아 두었음을 나중에서야 알게 되고, 그는 이 친구 덕분에 궁핍한 처지에서 벗어날 수 있게 됩니다. 부호의 재산과 옷 속의 구슬은 모두 부처가 될 수 있는 역량이나 자질을 상징합니다. 이 점에서 두 비유의 상징과 의도는 유사합니다. 특히 비유 ②로 중생은 자신이 부처님의 자식이라고 깨닫게 되고, 비유 ⑥으로 중생은 자신이 불성을 갖고 있다고 깨닫게 됩니다.

③(초목의 비유)과 ⑦(상투 보석의 비유)에 의하면, 중생은 자신의 근기와 노력에 따라 부처님의 가르침을 성취할 수 있습니다. '초목의 비유'에서 부처님의 가르침은 모든 중생에게 평등하지만, 중생은 이것을 각자의 근기에 따라 받

아들입니다. '상투 보석의 비유'에서 부처님은 번뇌와의 전쟁에서 승리한 중생에게 가장 희유한 최고의 법문인 법화경을 설합니다. 두 비유를 연결하면, 부처님이 평등하게 가르친 동일한 진리가 충분한 역량과 노력을 갖춘 중생에게는 법화경의 법문으로 이해됩니다.

④(장님의 비유)와 ⑧(의사 아들의 비유)의 취지는, 중생이 자신의 무지를 각성하여야만 비로소 진실한 것을 성취할 수 있다는 것입니다. '장님의 비유'에서 선천적인 장님은 약초로 시력을 얻은 후, 이전의 무지를 각성함으로써 진실한 지혜를 얻을 수 있게 됩니다. '의사 아들의 비유'에서 병든 자식들은 의사인 아버지가 처방해 준 약을 복용하지 않습니다. 이들은 정신착란에 빠져 그것을 약으로 알아차리지 못하기 때문입니다. 그러다가 그들은 아버지가 죽었다는 말에 각성하여, 약을 알아차리고 복용하여 병고에서 벗어나게 됩니다. 두 비유에서 장님과 병든 자식은 모두 진실에 무지한 중생입니다. 다만 비유 ④가 중생의 무지를 깨뜨려 진실에 이르게 하는 과정을 세부적으로 묘사한 데 비해, 비유 ⑧은 중생이 무지에서 벗어나 진실에 눈뜨게 하는 방법을 총괄적으로 묘사합니다.

이상과 같은 여덟 비유는 물론 외형상으로는 저마다 고유한 취지와 용도로 법화경의 중요한 법문을 보조합니다. 그럼에도 불구하고 내용상으로는 이것들 사이에서 짝을 지을 수 있는 연관성을 찾을 수 있습니다. 그 이유는 이것들이 '방편과 진실' 또는 '삼승과 일승'이라는 법화경 전체의 대주제에서 크게 벗어나지 않기 때문입니다.

여덟 비유의 구조를 이상의 설명과는 다른 차원에서 파악한 견해도 있습니다. 여덟 비유의 내용을 이 견해에 맞추어 재음미하는 것도 법화경을 이해하는 데는 매우 유익할 것입니다. 이 견해의 요지를 한눈에 이해할 수 있도록 소개하자면, 여덟 비유의 구조를 다음과 같은 표로 재구성할 수 있습니다.

비유의 중점 유기적 관계	교 법	부처님
개 시	① 불난 집의 비유	⑤ 가짜 도성의 비유
전 개	② 가난한 아들의 비유	⑥ 옷 속 구슬의 비유
	③ 초목의 비유	⑦ 상투 보석의 비유
결 말	④ 장님의 비유	⑧ 의사 아들의 비유

위의 표에서 좌측(①②③④)의 비유들은 교법, 즉 부

처님의 가르침에 큰 비중을 두고 있습니다. 이에 대해 우측(⑤⑥⑦⑧)의 비유들은 법화경의 설법자인 부처님 자신에 비중을 크게 두고 있습니다. 그리고 양측의 비유들은 세로의 순서에 따라 개시, 전개, 결말이라는 유기적인 관계로 이야기를 구성합니다. 이렇게 구분하는 기준이 되는 것은 양측 비유의 결말에 해당하는 ④와 ⑧입니다. 즉 '장님의 비유'에서 장님을 눈뜨게 한 약초는 부처님의 가르침을 상징합니다. 이에 따라 좌측 비유들은 부처님의 가르침에 중점을 둔 것으로 이해됩니다. 한편 '의사 아들의 비유'에서 병든 자식들을 치료한 의사는 부처님을 상징합니다. 이에 따라 우측의 비유들은 부처님 자신에 중점을 둔 것으로 이해됩니다. 따라서 이 같은 여덟 비유의 대칭 구조는 교법과 부처님이 불가분리의 관계에 있다는 대의를 드러냅니다.

〖 비유들의 공통 목적 〗

법화경의 비유들을 이상과 같이 체계적인 구조로 파악할 수 있는 것은 그만큼 비유들이 탁월하게 구상되어 효과적으로 사용되기 때문입니다. 그러므로 법화경에서 비유들의 가치는 그런 구조보다도 그 효율성에 있습니다. 법화경의 비유들은 그 자체가 법문의 취지를 쉽게 전달하는 훌륭한 방편입니다.

물론 부처님의 가르침 또는 법화경의 법문도 방편입니다. 그러나 이 방편은 진실과 서로 비추어 조화를 이룹니다. 법화경에서 가르치는 진실은 일승이자 불승입니다. 일승인 불승, 즉 일불승이란 스스로 부처님처럼 보고 생각하고 행동하는 것입니다. 그래서 법화경에서는 이런 진실과 조응하는 방편을 불가피한 것으로 중시합니다. 한마디로 말해서 방편과 진실의 의의를 가르치는 것이 법화경의 기조입니다.

법화경의 비유들은 방편의 용도를 실례로 보여 주고 있습니다. 곰곰이 따져 보면 여덟 가지 비유들도 '삼승은 방편, 일승은 진실'이라는 일불승의 법문에 입각해서, 한결같이 중생을 일승으로 인도하려는 목적으로 구사된 것들입니다. '의사 아들의 비유'에서 부처님이 교묘한 방편으로 한 말은 전혀 거짓이 아니라고 선언했듯이, 순수한 목적에 합치하는 방편은 거짓으로 간주되지 않습니다. 이런 방편에는 이미 진실이 함축되어 있기 때문입니다. 법화경의 비유들도 이런 방편의 일환입니다. 그러므로 비유라는 방편으로 일승이라는 진실을 드러내는 것이 바로 '법화 8유'라고 말할 수 있습니다.

법화경의 전편에는 여덟 가지 비유 외에도 다른 많은 비유들이 산재해 있습니다. 이것들도 대체로 그 취지는 대동소이합니다. 즉 이것들은 주로 부처님의 가르침과 부처님은 위대하며 모두에게 평등하다는 것을 설명합니다. 아래에서는 법화경에 나오는 순서대로 이러한 비유들의 요점만 간략히 소개해 둡니다.

제5 약초유품: 범어로 된 법화경의 원본에는 묘법연화경에는 없는 비유가 두 가지 있습니다. 먼저 '해와 달의 비유'는 부처님이 모든 중생에게 평등하다는 것을 설명합니다. 다음으로 '도공의 비유'는 부처님의 가르침이 모든 중생에게 평등하다는 것을 설명합니다. 도공은 동일한 흙으로 모양이 다른 여러 가지 그릇을 빚어 냅니다. 여기서 도공의 동일한 흙은 부처님의 평등한 가르침과 같습니다.

제6 수기품: 부처님이 성불을 예언해 주는 수기의 은덕은 임금의 밥상을 받는 것만큼 크다는 것을 '수라상의 비유'로 설명합니다.

제7 화성유품: 부처님은 장구한 세월 이전에 이미 열반에 들었다는 것을 '삼천 티끌의 비유'로 설명합니다.

제8 수오백제자결품: 묘법연화경의 오백제자수기품이 축법호가 번역한 정법화경에서는 이렇게 이름이 바뀌었습니다. 정법화경에서는 '바닷속에서 캐낸 보석의 비유'로 일승의 가르침이 고귀하다는 것을 설명합니다. 그러나 묘법연화경뿐만 아니라 법화경의 범어 원본에도 이 비유는 없습니다.

제10 법사품: 법화경은 깨달음의 보편적 증거가 된다는 것을 '고원에서 샘 파기의 비유'로 설명합니다.

제15 종지용출품: 부처님이 중생을 제도하는 능력은 믿을 수 없을 만큼 위대합니다. 이것을 '젊은 아버지와 늙은 아들의 비유'로 설명합니다.

제16 여래수량품: 부처님은 헤아릴 수 없이 장구한 세월 이전에 이미 성불했다는 것을 '5백억 티끌의 비유'로 설명합니다.

제18 수희공덕품: 법화경을 듣고 기뻐하는 공덕은 그 어떠한 보시의 공덕보다 크다는 것을 '위대한 보시의 비유'로 설명합니다.

제23 약왕보살본사품: 여기서는 잡다한 비유로 법화경이 그 어떠한 것보다 탁월하다는 것을 설명합니다. 이것을 막연히 '잡다한 비유'라고 말한 것은 특정한 이름을 붙이기 곤란하기 때문입니다. 아무리 특출한 사례가 있더라도 이것은 법화경을 능가하지 못합니다. 이 사실을 설명하기 위해 여기서는 자연, 신, 불제자, 경전, 일상 생활에서 예로 든 스물두 가지 비유를 열거합니다.

제27 묘장엄왕본사품: 부처님의 출현을 볼 수 있는 것은 매우 희유한 기회라는 것을 '우둠바라꽃과 외눈 거북이의 비유'로 설명합니다.

위에 소개한 여러 가지 비유들 중에서 특별히 주목할 만한 것으로는 정법화경에만 나오는 '바닷속에서 캐낸 보석의 비유'를 들 수 있습니다. 이 비유에 의하면 바닷속으로 들어가 보석을 채굴하여 얻는 것은 일승의 가르침을 깨달아 얻는 것과 같습니다. 여기에 함축된 의미의 중요성과 구상의 세련미를 고려하면, 이 비유는 충분히 법화 8유의 수준에 견줄 만합니다. 그러나 법화경이 묘법연화경에 의해 널리 유통된 데다가 현존하는 범어 원본에서도 이 비유는 발견되지 않습니다. 이 때문에 이 비유는 그다지 잘 알려지지 않게 되었습니다.

6장

법화경과 유신론

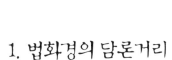

1. 법화경의 담론거리

불교를 전문으로 연구하지 않는 학자들에게도 법화경은 흥미로운 관심의 대상이었습니다. 법화경은 종교학, 문헌학, 언어학 등의 인문학 분야에서 쟁점으로 취급할 만한 요소들을 내포하고 있기 때문입니다. 여기서는 이 중 종교학 분야에서 담론의 주제가 되었던 문제를 검토해 볼 것입니다. 이는 법화경의 특성을 한눈에 파악하는 데도 유익할 뿐만 아니라, 법화경의 법문 중 가장 핵심적인 교리를 재조명할 수 있는 기회도 됩니다.

우선 가볍기는 하지만 한때 흥밋거리가 되었던 하나의 예를 소개합니다. 이것은 자칫 오해를 불러일으킬 수 있는 어설픈 담론의 사례입니다. 예를 들어 이런 담론에서는 예수의 탄생을 예언하는 구절이 법화경에 있다고 주장하고, 더 나아가 신약성서 중 많은 부분이 법화경을 비롯한 여러 경전으로부터 도입되었다고도 주장합니다. 담론으로는 이런 주장도 가능하겠지만, 그 근거를 들여다보면 실망하지 않을 수 없을 것입니다. 왜냐하면 예수의 탄생을 예언한 것으로 예시한 법화경의 한 구절은 다음과 같은 것이기 때문입니다. 이것은 묘법연화경의 한문을 번역한 것입니다.

내가 멸도한 후, 나중의 500년 동안에 널리 설하여 유포할 것이며, 염부제(인간 세계)에서 단절되는 일이 없도록 하고, 악마와 그 족속들과 온갖 신, 용, 야차, 구반다 등이 그것을 함부로 사용할 수 없게 하라.

이 구절은 약왕보살본사품에서 부처님이 수왕화보살에게 약왕보살본사품을 널리 유포하고 잘 수호하라고 부탁하는 내용일 뿐입니다. 이 다음을 잇는 구절은 약왕보살본사품이 중생을 구제하는 좋은 약이 되기 때문에 그것을 수호해야 한다는 내용입니다. 그러므로 이러한 내용만으로 예수 탄생을 예언했다고 생각하는 것은 지나친 비약이 아닐 수 없습니다. 그럼에도 불구하고 이 구절을 근거로 내세운 것은 순전히 '나중의 500년'이라는 말 때문일 것입니다.

대승불교의 여러 경전에서는 부처님의 가르침이 유지되는 시대를 500년씩 끊어서 정법, 상법, 말법이라는 세 단계로 구분합니다. 석가모니 부처님의 열반 후, 모든 가르침이 무난하게 유지되는 첫 500년은 정법시대입니다. 이 다음의 500년은 정법이 쇠퇴하고 사이비 정법이 만연하는 상법시대인데, '나중의 500년'이란 바로 이 시대를 가리킵니다. 그러므로 '나중의 500년'은 부처님이 열반한 지 500년이 지난 후부터 시작되며, 불교사의 통념으로 보면 그 시발은 서기 1세기쯤에 해당합니다. 애써 이해하자면 '나중의 500년'과 예수의 탄생 시기를 꿰맞출 수는 있겠습니다. 문제의 구절에서 꿰맞출 수 있는 것은 단지 시기가 비슷하다는 것뿐입니다. 예언과는 전혀 무관한 것이지요. 법화경에서 예언이라면 성불을 예언하는 수기가 있을 뿐입니다.

더욱이 법화경을 비롯한 여러 경전이 신약성서의 형성

에 공헌했다고 생각할 수 있는 근거로 예시한 구절이 다음과 같은 것이라면, 그런 생각에 더욱 회의를 느끼지 않을 수 없을 것입니다.

세존이시여! 만일 후세의 마지막 500년인 탁하고 악한 세상에서 비구·비구니·우바새·우바이로서 애써 구하거나, 간직하거나, 독송하거나, 베껴 쓰는 자가 이 법화경을 배워 익히고자 한다면, 21일 동안 한마음으로 노력해야 할 것입니다.

이 구절은 보현보살권발품에서 보현보살이 부처님의 당부대로 법화경을 정성껏 신봉하겠다고 다짐하는 내용의 일부입니다. 여기서 '후세의 마지막 500년'은 말법시대를 가리킵니다. 그러나 범어로 된 원문에는 이것도 상법시대인 '나중의 500년'으로 되어 있습니다. 우바새는 출가하지 않은 남성 신자이고, 우바이는 출가하지 않은 여성 신자입니다. 어쨌든 여기서는 아무리 궁리해도 신약성서와 연관지을 수 있는 단서를 찾을 수 없습니다. 이 구절의 앞뒤를 살펴보아도, 보현보살이 흰 코끼리에 오른 자신의 모습을 드러내어 법화경의 신봉자를 보호하고 돕겠다고 다짐하는 내용뿐입니다. 그런데도 여기서 신약성서와 연관지을 수 있는 어떤 것을 발견했다면, 이것은 우리가 이해할 수 없는 지나친 비약일 것으로 생각할 수밖에 없습니다.

이상과 같은 수준의 담론은 법화경을 제대로 이해하는 데 거의 도움이 되지 않습니다. 이러한 담론은 불교 신자에게 부질없는 우월감을 고취시키거나 이야깃거리를 제공할 수 있을지는 모릅니다. 그렇지만 이것은 되레 법화경의 가치를 엉뚱한 방향으로 호도하거나 종교끼리의 다툼을 야기할 우려마저 있습니다.

그러므로 이번에는 약간 무겁기는 하지만, 앞의 경우와는 달리 경청할 만한 가치가 충분한 담론을 소개합니다.

유럽의 학자들은 19세기를 전후로 하는 시기부터 인도의 고전들을 연구하기 시작했습니다. 이 시기에는 이미 인도를 지배하고 있던 영국의 관리나 학자들이 인도의 고전들을 대거 수집하고 있었습니다. 이때 가장 먼저 영어로 번역되어 유럽에 알려진 인도의 고전은《바가바드 기타》였습니다. '신의 노래'라는 뜻을 지닌 이 고전은 예나 지금이나 힌두교의 신자들이 가장 애송하는 성전일 뿐만 아니라, 학자들

사이에서도 중요한 연구 대상으로 취급되어 왔습니다.

《바가바드 기타》에서 가장 가치 있는 것으로 가르치는 것은 신에 대한 순수한 사랑과 성실한 믿음입니다. 이 같은 내용을 알게 된 유럽의 일부 학자들은 《바가바드 기타》가 기독교의 영향을 받았을 것이라고 주장하기도 했습니다. 한편 범어로 된 법화경의 원본을 최초로 영역했던 유럽의 학자는 《바가바드 기타》가 법화경에 많은 영향을 주었다고 주장했습니다. 그래서 이러한 주장들을 연결하면, 법화경도 간접적으로는 기독교의 영향을 받았을 것으로 생각할 수 있게 됩니다. 그러나 나중에 연구가 더욱 진행되자 이전의 그런 주장은 역전되었습니다. 기독교가 오히려 불교의 영향을 받았을 것이라는 주장도 등장한 것입니다. 그리고 이렇게 주장할 수 있는 근거로 제일 먼저 지목된 경전이 바로 법화경입니다.

잘 알다시피 법화경은 대승불교의 경전입니다. 인도에서 대승불교가 태동한 것은 예수가 출생하기 훨씬 이전의 일입니다. 이 시기에 불교 신자들은 불탑을 숭배하면서 부처님의 자비와 구제 능력을 간절히 염원했습니다. 서기를 전후로 하여 이런 염원에 부응하는 새로운 경전들이 출현하였고, 이와 더불어 대승불교는 본격적으로 출범하여 널리 퍼져 나갔습니다.

대승불교의 경전들은 많은 부처와 보살에 의지하여 구제받을 수 있는 쉬운 길을 가르쳐 줍니다. 이 점에서 대승불교는 겉으로 보기에 힌두교나 기독교와 유사한 신앙도 고취합니다. 이제까지 설명한 법화경의 법문으로 보면 이 같은 신앙은 방편에 해당합니다. 그러나 대승불교는 이것뿐만 아니라 스스로 부처님의 가르침을 깨달아 성불하는 수행의 길을 고수합니다. 법화경의 법문으로 보면 이것은 일승에 해당합니다. 이처럼 대승불교는 불교의 기본 노선인 자력에 의한 성불을 견지하면서 타력에 의해 구제받을 수 있는 길도 열어 두었습니다. 불교에 대승이라는 새로운 이름을 붙이게 된 이유가 여기에 있습니다.

불전들 중에는 석가모니 부처님의 생애를 기록한 전기들도 있습니다. 여기서 부처님은 무궁한 자비심과 지혜를 겸비한 위대한 구제자로 묘사됩니다. 이러한 전기들은 대승불교를 촉진시킨 데 크게 기여했습니다. 그리고 그 전기들에서는 예수의 행적이나 가르침과 유사한 내용도 간혹 발견할 수 있습니다. 이러한 내용은 어느 종교의 성전에서나 공통하는 것이지만, 보는 사람의 입장에 따라 다르게 이해될 수 있습니다. 기독교 신자라면 그것의 유래를 신약성서에서 찾기 쉬울 것입니다. 반면에 불교 신자라면 불전의 이야기가 신약성서에 스며들었을 것으로 생각하기 쉬울 것입니다. 이 때문에 석가모니와 예수, 또는 불교와 기독교의 관계는 종교에 관심 있는 사람들에게 좋은 담론거리가 됩니다. 이들에게 관심의 초점은 어느 쪽이 다른 쪽에 영향을 주었는가 하는 것입니다.

담론은 정설이 아니기 때문에 담론입니다. 이 말은 담론의 내용을 사실로 확정해서 믿을 수는 없다는 뜻입니다. 가능한 여러 가지 견해를 경청해 본다는 데 담론의 가치가 있습니다. 이러한 담론의 차원에서 보면, 불교가 기독교의 영향을 받기보다는 기독교가 불교의 영향을 받았다고 주장하는 견해가 더 우세한 편입니다. 예를 들어 이런 문제에 관한 국내의 담론을 경청한 어떤 논평자는 서구의 진보적인 여러 종교 학자들의 견해를 종합했습니다. 그에 따르면 그 견해의 요점은 다음과 같은 것입니다.

대체로 예수는 불교의 영향을 받아 변질된 유대교의 일파인 에세네파의 사상적 영향을 받아 성장하였습니다. 따라서 예수의 사상 가운데는 다분히 불교적 색채가 배어 있게 된 것입니다.

이 요점에는 기독교 출신의 어느 종교 학자의 주장이 주로 반영된 듯합니다. 이 학자의 저서에서는 기독교의 성서가 불전의 영향을 받았다는 것을 기정사실로 인정합니다. 단지 저자는 불전의 영향을 받은 당사자가 예수인지 혹은 후대의 성서 작가들인지에 관해 확신하지 못할 뿐입니다. 그래서 저자는 몇 가지 가설을 세워 자신의 견해를 개진했습니다. 여기서 저자가 내린 결론의 요지를 소개하자면 다음과 같습니다.

불교의 화신 사상은 메시아와 같은 유대교의 전통적 개념들과 결합되었고, 기독교에서는 이에 따라 예수의 생애를 재구성하게 되었을 것입니다. 화신 사상의 도움으로 기독교는 유대교의 메시아 개념을 이방인들도 이해할 수 있는 구세주 개념으로 탈바꿈시켰던 것입니다. 이 결과, 기독교는 서방 세계로 급격히 팽창하던 불교와도 힘을 겨룰 수 있게 되었습니다.

이 같은 견해에서 말하는 불교는 물론 대승불교를 지칭합니다. 화신이 바로 그 증거입니다. 대승불교에서는 법화

경의 설법자와 같은 본래의 부처님이 온갖 부처와 보살로
중생 세계에 출현하여 중생을 구제한다고 가르칩니다. 이
런 부처들은 때와 장소에 따라 모습이 변하기 때문에 화신
으로 불립니다.

이상으로 간략히 소개한 담론의 초점은 결국 법화경의
핵심 법문 중 '영원한 부처님'에 집중될 수밖에 없습니다.
힌두교와 기독교는 유신론의 종교입니다. 그러나 불교는
무신론의 종교입니다. 그럼에도 불구하고 영원한 부처님은
유신론의 신과 다를 바 없는 것처럼 보입니다. 여기서 종교
적인 담론이 발생한 것입니다. 다른 한편으로 보면 담론의
시비를 따지기 전에 법화경은 무신론과 유신론을 모두 포
용할 수 있는 경전으로 간주될 만합니다.

이제 담론의 차원을 벗어나서 힌두교의 대표적인 성전
과 법화경의 법문 사이에는 어떤 유사성이 있는지 살펴볼
것입니다. 기독교는 굳이 거론할 필요가 없습니다. 관심의
초점이 유신론인 데다가 신에 대한 관념으로 보자면 힌두
교가 기독교보다도 훨씬 다양하기 때문입니다. 더군다나
힌두교와 불교는 인도라는 같은 토대에서 각기 유신론과
무신론을 표방하며 성장한 종교입니다. 이 때문에 힌두교

를 외면하고서는 불교를 제대로 이해할 수 없습니다. 특히 법화경, 더 나아가 대승불교의 경우에는 더욱 그러합니다.

대승불교의 경전에는 유신론처럼 보이는 법문이 적지 않은 것은 사실입니다. 우리는 이런 법문의 유래를 우선 인도의 문화적 환경에서 찾을 수 있습니다. 이때 법화경과 관련하여 대표적인 예로 들 수 있는 것이 힌두교의《바가바드 기타》입니다. 그러므로 여기서는《바가바드 기타》와 법화경의 관계를 고찰한 어느 학자의 견해를 소개합니다. 유럽 출신의 이 학자는 힌두교 신자도 아니고 불교 신자도 아니므로, 그의 견해는 공평할 것으로 믿어도 좋을 것입니다.

이제부터는《바가바드 기타》를《기타》로 약칭합니다.

2. 힌두교와 법화경

〔 법화경의 부처님과 《기타》의 신 〕

오늘날에도 인도 사람들이 가장 친숙하게 여기며 숭배하는 신은 크리슈나입니다. 그런데 크리슈나는 별개의 신이 아니라 비슈누 신의 화신입니다.《기타》는 이 크리슈나가 혈족간의 전쟁을 눈앞에 두고 있는 아르주나에게 설파하는 가르침을 시로 엮은 성전입니다. 이 성전이 유명하게된 것은, 인도의 전통적인 종교와 철학을 절충하여 독특한유신론의 교리를 수립했기 때문입니다. 그래서 예부터 힌두교의 유명한 철학자나 성자치고 《기타》를 탐구하거나 가르치지 않은 사람은 거의 없습니다. 법화경과 비교할 때 특별히 주목을 끄는 것은 《기타》에서 가르치는 다음과 같은신앙입니다.

　최고의 신인 비슈누는 세상에서 법을 수호하고 중생을구제하기 위해 다양한 모습으로 출현합니다. 이것이 비슈누의 화신입니다. 비슈누의 많은 화신들 중에서 인간의 모습으로 출현한 크리슈나는 신의 무궁한 능력을 몸소 보여주는 절대자일 뿐만 아니라, 이상적인 삶의 방도를 가르치는 위대한 스승입니다. 그러므로 크리슈나가 가르치는 대로 신을 애인처럼 열렬히 사랑하고 숭배하는 사람은 누구나 쉽게 구제될 수 있습니다. 인간의 모든 것은 전적으로신에게 달려 있습니다. 이렇게 알고서 신을 믿는 것이 최고의 지혜입니다. 크리슈나가 가르치는 믿음이란 자신의 모든 것을 온통 신에게 내맡기고 신을 정성껏 사랑하는 것입니다.

법화경의 범어 원본을 최초로 영어로 번역하여 유럽에 소개한 학자는 네델란드 출신의 케른(Kern)입니다. 그는 번역본의 서두에 법화경과 《기타》의 관계를 상세하게 고찰해 두었습니다. 그런데 이 해설의 요지는 법화경이 《기타》로부터 많은 영향을 받았다는 것입니다. 그가 이렇게 생각할 수 있는 단서로 지목한 것은 법화경의 제16 여래수량품에 나오는 다음과 같은 게송입니다. 이 게송은 이미 앞에서 소개한 구원게의 일부입니다.

그 중생들이 정직하고 온화하고 친절하며 애욕에서 벗어나게 될 때 나는 비로소 제자들을 모이게 하여 영취산에서 내 자신을 드러내노라.(6)

이후에 나는 그들에게 말하나니, "그때 나는 여기서 열반했던 것이 아니니라. 비구들이여! 그것은 나의 교묘한 방편일 뿐, 나는 줄곧 생명의 세계에 있도다."(7)

나는 중생들이 고뇌하고 있음을 보지만, 그때 나는 나의 육신을 드러내지 않고 우선 그들이 나를 보고자 갈망하게 하여, 갈망하는 자에게 정법을 설명할 것이니라.(9)

상상할 수도 없는 수백억 겁의 기간에 걸쳐 나의 가호는 항상 그와 같았노라. 눕거나 앉는 수백만의 휴식을 제외하고 나는 여기 영취산에서 떠나지 않느니라.(10)

케른에게는 이것이 《기타》의 제4장에 나오는 다음과 같은 구절과 전혀 다르지 않은 것처럼 생각되었습니다.

나는 불멸의 본성을 갖고 있으니 태어남이 없으며 만물의 주재자이지만, 내 자신의 근원적인 질료를 다스려 나의 불가사의한 능력에 의해 출현하노라.

바라타 족의 자손이여! 정법이 쇠진하고 불법(不法)이 홍기할 때마다 참으로 나는 내 자신을 새로운 모습으로 만들어 내노라.

착한 자들을 보호하고 악한 자들을 괴멸시키기 위해, 정법을 확립하기 위해, 나는 우주가 순환하는 주기마다 다시 출현하노라.

위의 《기타》에서 '나'란 비슈누 신을 가리킵니다. '불멸의 본성'은 이 신에게 갖추어져 있는 지혜와 능력을 의미합니다. '불가사의한 능력'은 이 신이 우주의 모든 것을 만들어 내는 능력을 의미합니다. 이러한 불가사의한 능력에 현혹되어 있는 사람들은 비슈누 신을 알아차리지 못합니다. 그런데 위의 마지막 구절에 의하면, 우주가 소멸했다가 다시 창조될 때마다 비슈누 신도 출현합니다. 인도에서 일찍이 가장 추앙받았던 철학자의 해석에 의하면, 이때 그 신은 마치 육체를 갖고 살아 있는 것처럼 출현합니다.

《기타》에서 신은 인간을 초월한 절대자이지만, 정법을 확립하기 위해 마치 인간인 것처럼 세상에 출현합니다. 법화경에서 부처님은 육신을 벗어난 상태로 항상 중생의 세계에 있다가, 부처님을 갈망하는 중생에게는 모습을 드러냅니다. 그래서 부처님은 《기타》의 신과 다를 바 없는 것처럼 보입니다. 앞서 말한 케른이 지적한 대로, 법화경에서는 부처님을 초인간적인 존재로 묘사하고자 애쓰고 있습니다. 케른이 보기에 법화경은 석가모니불을 최고의 존재, 신 중의 신, 전지전능한 초월자로 묘사하는 데 주력하고 있습니다.

케른은 법화경의 석가모니불과 《기타》의 비슈누 신은 성격상 동등하다고 확신합니다. 그는 더 나아가 번역본의 곳곳에서 법화경과 《기타》를 비교합니다. 그 내용을 종합하면 법화경과 《기타》의 유사성을 다음과 같이 크게 세 가지로 추출할 수 있습니다.

첫째는 법화경의 약초유품에 있는 '초목의 비유'입니다. 이에 의하면, 여래가 모든 중생에게 공평무사하며 평등한 배려를 베푸는 것은, 마치 큰 구름이 동일한 비로써 모든 초목을 골고루 윤택하게 하는 것과 같습니다. 《기타》에서도 이와 같은 가르침을 발견할 수 있습니다. 즉 "나는 살아 있는 모든 것에게 평등하도다. 나에게는 증오해야 할 것도 없고 사랑해야 할 것도 없느니라"(제9장 제29송)라고 하는 구절을 예로 들 수 있습니다.

둘째는 법화경의 여래신력품에서 묘사하는 불가사의한 장면입니다. 여기서는 석가모니불과 다보불이 함께 탑 속의 사자좌에 앉아 장엄한 기적을 보여 주는데, 혀를 길게 늘여 최고의 천상 세계에까지 뻗칩니다. 더욱이 그 혀로부터 무량한 광명이 발현되고, 낱낱의 광명으로부터 무수한 보살이 출현합니다. 한편 《기타》에서는 신이 드러내는 장엄한 모습을, "당신은 온갖 곳에서 화염을 발하는 입으로 전 세계를 집어삼키면서 핥습니다. 비슈누여! 당신의 강력한 불꽃은 전 세계를 빛으로 가득 채워 태웁니다"(제11장 제30송)라고 묘사합니다.

셋째는 법화경의 비유품에 있는 '불난 집의 비유'입니다. 앞에서 충분히 소개했듯이 여기서는 삼승을 세 가지 수레에 비유합니다. 케른이 이것과 유사하다고 지적한 것은 《기타》에 있는 다음과 같은 구절입니다.

실로 수련보다는 지식이 탁월하고, 지식보다는 명상이 탁월하도다. 행위의 결과를 포기하는 것은 명상보다도 탁월하도다. 포기로부터 곧바로 평안이 있느니라.(제12장 제12송)

위 구절에서는 '수련 → 지식 → 명상 → 포기'의 순서로 평안에 도달할 있는 수단을 열거합니다. 뒤에 있는 것일수록 더 좋은 수단이 됩니다. 그런데 언뜻 보면 이 셋째의 경우는 왜 유사한 예가 되는지 아리송합니다. 그러나 케른의 설명을 들으면 이 유사성을 어느 정도는 공감할 수 있습니다. 그의 설명을 이해하기 위해서는 힌두교의 전통적인 인생관을 먼저 알아 두어야 합니다. 힌두교에서는 일찍이 이상적인 삶의 과정을 네 단계로 설정했습니다. 첫째는 학습 생활의 단계, 둘째는 가정 생활의 단계, 셋째는 숲속 생활의 단계, 넷째는 방랑 생활의 단계입니다. 케른은 이것이 《기타》의 구절에 반영되어 있다고 생각하여, 이것들을 다시 법화경의 삼승과 연관시켰습니다. 그의 설명을 요점만 정리하여 소개하자면 다음과 같습니다.

《기타》에서 말하는 '수련'은 스승 밑에서 학습하는 시기, 즉 학습 생활의 단계를 가리킵니다. 법화경의 법문으로 보면 이것은 성문승에 해당합니다. '명상'은 숲속 생활의 단계와 잘 어울립니다. 법화경으로 보면 이것은 연각승에 해당합니다. '포기'는 방랑 생활의 단계를 가리키고, 이것은 사실상 출가한 고행자의 생활입니다. 법화경으로 보면 이것은 보살승에 해당합니다. 다만 수련 다음의 수단인 '지식'은 가정 생활의 단계에 해당하는데, 법화경으로 보면 이것은 연각승에 포함됩니다. 케른은 이렇게 생각했지만, 불교의 관점에서 생각하면 '지식'도 연각승보다는 성문승에 해당할 것입니다. 어쨌든 케른의 설명을 수긍한다면, 법화경의 삼승은 힌두교의 이상적인 삶의 단계를 반영한 것으로 보입니다.

이상과 같은 설명을 그대로 확신할 수는 없습니다. 그리고 부분적으로 보면 케른의 설명은 유사성을 강조하기 위해 약간은 무리하게 꿰맞춘 듯한 인상도 줍니다. 그렇기는 하더라도 《기타》의 가르침과 법화경의 가르침 사이에 일부 유사한 관념이 있다는 것까지 부인할 수는 없습니다. 특히 《기타》와 법화경이 모두 인도라는 공통의 문화적 토양에서 성장했음을 고려하면, 둘 사이의 유사성은 법화경의 종교적 특성을 이해하는 데 도움이 될 것입니다.

아예 비교의 폭을 넓혀 《기타》의 종교와 대승불교를 차별할 필요가 없다고 주장한 유명한 학자도 있습니다. 인도의 대표적인 근대 철학자인 라다크리슈난은 "대승불교에 관한 한, 사실상 그것을 《기타》의 종교와 구별해야 할 아무것도 없다"라고 단언하기도 했습니다. 그가 이유로 든 것도 역시 법화경에서 묘사하는 것과 같은 초인간적인 부처님입니다. 그가 보기로는 부처님도 《기타》의 크리슈나처럼 최고의 신이 됩니다. 더욱이 부처님은 보통의 신이 아니라 신들 중에서도 지고한 신이며, 모든 보살의 창조자입니다. 물론 이런 주장에도 감안해야 할 것은 있습니다. 라다크리슈난은 불교보다는 힌두교에 더욱 정통한 학자라는 사실입니다.

《기타》는 법화경보다 먼저 작성된 것으로 알려져 있습니다. 그러므로 지금 설명한 것으로 보면 법화경이 《기타》의 영향을 받았다는 주장은 그 나름대로 설득력을 갖습니다. 그러나 관심의 초점을 법화경에 두거나 불교의 사상사에 정통한 경우라면, 그러한 주장은 곁가지에 불과할 수 있습니다. 예를 들어 법화경에서는 실존 인물이었던 석가모니를 초인간적인 부처님으로 묘사할지라도 전반부의 부처님과 후반부의 부처님은 현저하게 달리 묘사됩니다.

《기타》에서 유일한 최고의 신이 보여 주는 것과 같은 불가사의한 장면은 법화경의 전반부에서 발견할 수 있습니다. 그러나 법화경의 후반부, 특히 제16 여래수량품과 그 이하에서 묘사하는 장면은 《기타》에 동원된 상상력을 초월하는 특별한 것입니다. 이것까지 《기타》의 영향을 받은 것으로 생각하기는 곤란할 뿐만 아니라, 이른바 법화 신앙의 모태로 간주되는 것도 이 부분입니다.

법화경에는 《기타》의 영향을 받은 것으로 인정할 만한 부분이 있다고 하더라도, 그 배경을 따지자면 더 고려해야 할 것이 적지 않습니다. 《기타》가 드러내는 유신론의 관념은 인도의 고대 철학서인 우파니샤드에 이미 뚜렷하게 드러나 있습니다. 더욱이 서기를 전후로 하는 몇 세기에 걸쳐 인도에서는 유일신에 대한 신앙이 유행했습니다. 과거에 바라문교로 불리던 인도의 전통 종교가 힌두교로 탈바꿈한 것도 이런 시대적 환경의 결과입니다. 불교의 한편에서도 석가모니 부처님을 구세주처럼 숭배하는 분위기가 고조되고 있었습니다. 불교쪽에서는 이때 대승불교가 등장했습니다. 대승불교의 기치를 높이 올린 경전들 중의 하나가 법화경입니다.

그러므로 법화경의 영원한 부처님을 이해하려면 우선 불교 내부의 사정부터 살펴보아야 합니다. 이것은 대승불교가 흥기하게 된 배경을 살펴보는 일이기도 합니다. 법화경의 법문에도 이때의 사정이 어느 정도 반영되어 있습니다. 대승불교의 대표적인 신앙들이 골고루 잘 드러나 있기로는 법화경만한 경전이 없습니다.

【 대승불교와 법화경 】

그리스의 알렉산더는 인도를 침공했다가 실패하고 젊은 나이에 죽었습니다. 알렉산더의 침공을 저지했던 왕으로부터 출범한 왕조가 마우리야 왕조입니다. 나중에 인도 역사상 최대의 영토를 확장했던 아쇼카왕은 마우리야 왕조의 제3대 왕입니다. 바로 이 마우리야 왕조의 시대, 특히 알렉산더가 인도를 침공했던 기원전 3세기 무렵부터 인도에서는 다음과 같이 괄목할 만한 변화가 일어났습니다.

서방의 헬레니즘 문화권과 활발한 통상무역이 성행하여 도시 상업이 번성하기 시작했습니다. 한편 민간에서는 수목, 별자리, 뱀 따위를 신성시하여 숭배하는 신앙이 성행하였습니다. 이와 아울러 대중의 복리를 위해 또는 부모의 명복을 위해 우물이나 저수지를 축조하는 일이 중요시되었습니다. 그리고 이러한 경향은 불교 신자들에게도 예외가 아니었습니다. 이 당시에 사회적으로 두각을 드러내는 종교는 불교였습니다. 그래서 부유한 계층에서는 불교적 행사나 건축이 성행했습니다. 불교는 이만큼 안정된 지지층을 확보하게 되었고, 스님들이 거주하는 승원도 풍요를 누릴 수 있었습니다. 지역에 따라 여러 부파가 자리잡고 발전한 것도 이 덕분입니다. 그래서 교단은 본격적인 부파불교 시대로 접어들었습니다.

이 시대에 각 부파는 승원의 안정과 풍요 속에서 주로 교리 연구에 전념했습니다. 그러나 이런 연구가 너무 사변에

치우쳐 있기 때문에 세속의 재가 신자들에게는 그다지 도움이 되지 않았습니다. 나중에 이 시대의 불교를 소승불교로 부르게 된 이유도 여기에 있습니다. 이러한 상황에서 재가 신자들에게 신앙의 구심점이 된 것은 불탑이었습니다. 이들에게는 난해한 교리보다는 석가모니 부처님을 동경하고 찬탄할 수 있는 불탑이 신앙의 원천이었습니다.

더욱이 재가 신자들은 앞서 말한 당시의 사회적 분위기에도 젖어 있었습니다. 그래서 이들이 불탑에서 숭배하는 석가모니불은 무궁한 자비와 능력으로 언제든지 중생을 구제하는 초인간적인 부처님이었습니다. 재가 신자들만이 이랬던 것은 아닙니다. 스님들 중에서도 일부는 재가 신자들의 염원에 동조했습니다. 나중에 대승불교로 전개될 새로운 신앙은 이로부터 태동했습니다. 새로운 신앙에 앞장선 사람들은 석가모니불을 찬탄하면서 본래 부처님이 어떻게 수행하고 어떤 공덕을 쌓아 성불할 수 있었는지를 알리는 데 주력했습니다. 이들이 바로 법화경에서 말하는 법사의 전신입니다.

법화경에는 이상과 같은 불교 내부의 사정이 불탑과 법사로 반영되어 있습니다. 우리는 보통 탑을 불탑으로 부르지만, 탑에는 본래 경탑과 불탑이라는 두 종류가 있습니다. 그리고 우리가 주변에서 흔히 볼 수 있는 탑들의 대부분은 불탑이 아니라 경탑(經塔)입니다. 석가모니의 유골을 봉납한 사리탑만이 불탑입니다. 이에 대해 경탑은 주로 경전을 봉납한 탑을 일컫습니다. 이처럼 같은 탑이라고 하더라도 그 성격은 다를 수 있습니다. 특히 법화경에서는 탑의 성격이 신앙의 두 축을 형성하고 있습니다.

법화경에서는 탑과 관련된 법문들의 추이를 세 단계로 구분할 수 있습니다. 첫째는 사리탑을 건립하여 예배하고 공양하라고 가르치는 법문입니다. 둘째는 경탑을 건립하여 공양하라고 가르치는 법문입니다. 셋째는 다보탑의 출현을 설명하는 법문입니다. 여기서 특히 주목해야 할 것은 둘째 단계의 법문입니다. 예를 들면 제10 법사품에 나오는 다음과 같은 법문입니다.

또한 약왕이여! 어떠한 곳이든 이 법문(법화경)을 설명하거나 알리거나 베껴 쓰거나 베껴 쓴 것을 책으로 만들거나 음송하거나 제창하거나 하는 곳에는 약왕이여, 높이 솟아 거대하고 보석으로 꾸민 여래의 탑을 건립해야 할 것이지만, 거기에 여래의 유골(사리)을 봉안할 필요는 없느니라. 왜 그러한가? 거기에는 이미 여래의 모든 유골이 안치되어 있기 때문이니라.

이 법문의 취지는 법화경이 여래의 유골을 대신할 수 있다는 것입니다. 그러므로 여기서 말하는 '여래의 탑'은 내용으로 보아 분명히 경탑에 해당합니다. 그런데 법사품보다 앞에 있는 법문들에서 말하는 탑은 사리탑(불탑)입니다. 즉 이전 법문에서는 불탑 신앙을 권장하다가 법사품 이후부터는 이것이 경탑 신앙으로 바뀐 것입니다.

불탑 신앙의 대상은 부처님이고 경탑 신앙의 대상은 경전입니다. 그러므로 경탑 신앙은 경전 신앙과 같습니다. 대승불교의 발전 과정으로 보면, 불탑은 기성 신앙의 상징인 반면, 경전은 신흥 신앙의 상징입니다. 법화경은 이 둘을 모두 포용합니다. 이러한 포용을 상징하는 것이 제11견보탑품에 나오는 다보탑입니다. 법화경의 가르침이 모두 진실이라고 알리는 커다란 음성은 다보탑으로부터 울려 나옵니다. 또한 석가모니불은 다보탑 안으로 들어가 다보불과 함께 자리를 나누어 앉고 나서, 자신의 열반 후에 법화경을 널리 전파할 사람을 찾습니다.

그런데 불교라면 신앙의 대상은 부처님으로 충분할 듯한데, 어떤 연유로 경전도 부처님과 함께 신앙의 대상으로 부상하게 된 것일까요?

애초 불탑은 오로지 재가 신자들이 숭배하는 대상이었습니다. 그러다가 불탑을 숭배하는 출가 수행자들도 점차 늘어나게 되었습니다. 부처님의 가르침에 대해서는 이들이 잘 알고 있었습니다. 그래서 이들은 불탑을 찾아온 신자들을 위해 부처님을 찬탄하고 경전을 암송하면서 그들에게 설법도 할 수 있었습니다. 이들의 역할은 여러 가지 명칭으로 표현되었지만, 싸잡아 말하면 법사의 역할입니다. 이 중에서 더욱 진보적이고 신앙심이 강렬한 사람들이 서기를 전후로 하는 시기에는 새로운 경전을 결집하기 시작했습니다. 이렇게 해서 출현한 것이 이른바 대승경전입니다. 따라서 법사는 법화경에서 불쑥 튀어나온 경전 신앙의 선도자가 아닙니다.

그러나 대승불교의 이전이나 초기에 법사는 교리 연구에 전념한 부파불교의 교단으로부터 무시나 경멸을 당했던 듯합니다. 어쩌면 박해를 받았을지도 모릅니다. 법사들이 선도하는 새로운 신앙이나 가르침이 못마땅했을 것입니다. 법화경을 비롯한 많은 대승경전에서 법사들을 경멸하지 말고 존중해야 한다고 가르친 것은 그런 분위기 때문이었을 것입니다.

어쨌거나 여기서 '영원한 부처님'과 필연적인 관계를 갖는 것은 불탑 신앙입니다. 불탑 신앙을 형성해 온 불교 내부의 사정이 '영원한 부처님'의 가르침, 즉 법화경과 같은 대승경전으로 귀결되었던 것입니다. 이 같은 내부 사정의 추이에 따라 드디어 서기 1세기 이후에는 불상도 출현하게 되었습니다.

이제 앞에서 소개한 고찰과 설명을 한층 넓은 안목으로 다음과 같이 정리해 볼 수 있겠습니다.

법화경과 《기타》의 유사성은 어느 한쪽의 영향이라기보다는 우연의 일치이거나 공통하는 문화적 토양의 반영일 것입니다. 이런 문화적 토양은 석가모니 부처님이 탄생하기 이전부터 축적되어 온 유신론의 종교적 전통입니다. 불교는 유신론을 거부하고 새로운 전통을 창출한 종교이기는 하지만, 과거의 전통과 완전히 단절된 종교가 아닙니다.

특히 대승불교에서는 기존의 전통적 요소들을 대거 수용했습니다. 석가모니 부처님의 일반 설법에 비추어 보면 이런 것들도 방편에 해당합니다. 방편을 중시하는 법화경에서는 그러한 요소들을 수용하는 데 주저하지 않았을 것입니다. 이 때문에 《기타》와의 유사성도 거론된 것이지만, 이런 유사성은 오히려 법화경의 종교적 관용과 포용력을 입증하는 근거가 됩니다. 법화경에서 방편도 진실과 같은 것으로 포용하는 교리를 가르치는 일불승의 법문은 그래서 더욱 높이 평가되는 것입니다.

7장

민중의 꽃으로 핀 법화

민
중
의

꽃
으
로

핀

법
화

법화경을 대표하는 교리는 단연 일불승의 법문에 담겨
있습니다. 그리고 법화경은 이 법문으로 대승불교의 이념
을 충실히 대변합니다. 대승불교의 이념은 자각적인 노력
으로 성불을 추구하면서 이와 동시에 이타적인 보살행을
실천하는 것입니다. 이 법문에는 이만큼 깊은 뜻이 담겨 있
지만, 이것을 이해하여 실천하기는 쉽지 않습니다.

그러므로 법화경을 신봉하는 세속의 신자들에게는 일불
승의 법문이 먼저 와 닿지는 않았을 것입니다. 왜냐하면 이
보다 훨씬 따르기 쉬운 법문이 있기 때문입니다. 단적인 예
로 관음보살을 염불하는 것만으로도 구제받을 수 있다고

가르치는 관세음보살보문품의 법문이 바로 그것입니다. 이런 법문이 민중에게는 기복 신앙으로 수용되었지만, 이것도 어디까지나 법화경의 울타리 안에서 성행한 법화 신앙의 한 갈래 양태입니다.

경전이 아무리 심오한 가르침을 펴더라도 단순한 양태의 신앙을 요구할수록 세속의 민중에게는 더욱 큰 힘을 발휘합니다. 법화경에는 여기에 딱 들어맞는 신앙의 요소도 잘 갖추어져 있습니다. 민중에게는 민중에게 적합한 법문으로 설법하여 중생을 제도해야 합니다. 이것이 법화경의 기본 노선이자 구제 능력입니다. 이런 노선을 선호하는 민중에게 법화경은 말 그대로 민중의 꽃이 되었습니다. 이 꽃의 이름은 식물의 분류에 비유하여 말하자면 '법화 신앙'과에 속하는 '관음 신앙'입니다.

관음 신앙의 가장 기본적인 양태는, 관음보살의 구제 능력을 철저히 믿고 '나무 관세음보살'이라고 관음보살을 열심히 염불하는 것입니다. 이와 쌍벽을 이루는 유사한 신앙으로는 정토 신앙이 있습니다. 정토 신앙의 염불은 '나무 아미타불'입니다. 그래서 정토 신앙은 아미타 신앙이라고도 불립니다. 정토 신앙은 무량수경이나 아미타경의 법문에 따라 극락정토에 왕생하기를 염원합니다. 정토 신앙의 관심사는 이처럼 내세에 있습니다. 이에 대해 관음 신앙의 관심사는 내세보다도 현세에 있습니다. 민중이 일차적으로 염원하는 것은 현세의 이익일 것입니다. 기복 신앙은 주로 현세의 이익을 염원하는 신앙입니다. 그래서 관음 신앙은 기복 신앙의 양태로 민중의 저변에까지 확산되었습니다.

깨달음에 의한 성불을 목표로 추구하는 불교의 정통 노선으로 보면, 기복 신앙은 정도에서 벗어나 있는 것이 사실입니다. 그러나 또 한편으로 보면 기복 신앙을 암암리에 또는 공공연히 허용한 덕분에 불교는 대중적인 종교로 확산될 수 있었습니다. 특히 대승불교의 일부 경전들에서는 거의 공공연히 기복 신앙을 허용합니다. 이것은 앞서 말한 대승불교의 이념상으로도 예정된 수순입니다. 이 수순의 선도적 위치에 있는 경전 역시 법화경이라는 것은 더 말할 나위가 없습니다.

갖가지 고통과 곤경이라는 병에 시달리는 민중에게 당장 필요한 것은 이 모든 병을 단번에 치유할 수 있는 약일 것입니다. 종교에서 기복 신앙은 이러한 약의 효험을 믿고 약에 의지하는 것과 같습니다. 기복 신앙에서는 그런 약의 효험을 영험이라고 합니다. 관음 신앙으로 말하자면 관음보살의 영검을 체험한 것이 영험입니다. 이 경우 관음보살의 영검은 법화경의 영검으로 간주되기도 합니다. 관음 신앙도 법화경의 법문에서 나온 것이기 때문입니다. 그리고 영검의 체험을 이야기로 엮은 것이 영험담입니다. 경전을 직접 읽거나 이해하기 어려운 민중에게는 영험담이 경전보다도 더 강력한 믿음의 토대가 됩니다. 그래서 법화 신앙에서는 온갖 종류의 영험담이 성행했고, 이것들을 모은 다양한 영험전이 편찬되었습니다.

일찍이 중국, 한국, 일본에서는 수많은 영험담을 다양한 이름의 영험전으로 수록했습니다. 그러나 그 이야기가 아무리 많고 다양하더라도 그 요점은 법화경 또는 관음보살의 불가사의한 능력을 체험했다는 이야기로 대동소이합니다. 영험담의 이러한 양상을 한눈에 파악하기로는 《법화영험전》만한 것이 없습니다.

《법화영험전》은 고려 충혜왕의 왕사였던 요원(了圓) 스님이 편찬한 책입니다. 편찬자는 중국에서 세 분의 스님들이 각기 작성한 세 권의 책에서 가장 특기할 만한 이야기들을 발췌하여 수록했습니다. 세 분 중의 한 분은 고려 출신의 스님입니다. 편찬자의 서문에 의하면, 이것들은 법화경을 신봉하여 신령스런 효험을 보았다고 하는 107편의 불가사의한 이야기입니다.

그런데 《법화영험전》에서 우선 주목할 만한 것은 이야기들을 배열한 체재입니다. 앞에서 충분히 설명했듯이 묘법연화경은 28품으로 구성되어 있습니다. 편찬자는 107편의 이야기들을 이 28품에 배당하였습니다. 좀더 자세히 말하면 편찬자는 법화경의 28품을 17단으로 재분류하여, 이 분류에 따라 각 단에 해당하는 영험담들을 배열한 것입니다. 이 같은 배열에 따르자면 법화경은 온통 영검이 대단한 법문으로 이루어진 셈입니다.

아래에서는 《법화영험전》에 수록된 영험담의 일부를 소개합니다. 이 일부만으로도 전체의 성격을 충분히 이해할 수 있을 것입니다. 원래의 제목을 줄거리에 맞추어 의역하여 이야기가 소속된 단의 번호 다음에 제시해 두었습니다. 그리고 원래 이야기의 줄거리를 쉽게 전달하기 위해 필요한 경우에는 축약하기도 했습니다.

🟤 제10단: 죽고 나서도 경전을 읊는 혀

중국 옹주의 만년현 출신인 양난급이라는 사람은 50세에 불교에 귀의하여 법성 법사의 제자가 되었습니다. 그는 스승이 가르친 법화경에 통달하게 되었고, 밤낮으로 꾸준히 법화경을 독송했습니다. 그 후 그는 아무런 병도 없이 갑자기 죽었습니다. 그의 몸을 화장했으나 해골과 혀만은 타지 않고 그대로 남았습니다. 법성 법사는 그것들을 돌함에 넣어 법화당에 안치하고, 때때로 공양하였습니다. 그런데 그 돌함 안에서 가끔 독경하는 소리가 들렸습니다. 돌함이 진동하고 말소리도 또렷하게 들리므로, 사람들은 모두 두려워하며 이것을 공경하였습니다.

🟤 제10단: 함 속의 경전이 풀단으로 변해 목숨을 구하다

중국 당나라의 의봉 연간(676~679년)에 여주 양현의 북촌에 사는 유씨의 아들은 고려 정벌에 종군했다가 포로가 되었습니다. 그는 요해의 동쪽 기슭에서 말을 돌보는 종으로 일하고 있었습니다. 어느 날 꿈에 한 스님이 나타나 그를 깨우더니 바다로 들어가 함께 집으로 가자고 했습니다. 이후 그는 같은 꿈을 여러 차례 꾸게 되었습니다.

자신의 신세가 죽은 거나 다름없다고 생각한데다가 꿈에 감동한 그는 마침내 바다로 뛰어들었습니다. 그런데 그의 손에 풀단이 잡히므로, 그는 그 풀단을 끌어안고 파도에 몸을 맡긴 채 흘러가다 정신을 잃었습니다. 그가 정신을 차렸을 때 그는 육지에 닿아 있었습니다. 그는 풀단 덕분에 살았다고 생각하여 풀단을 헤쳐 보았습니다. 그러자 그 속에는 법화경 제6권이 들어 있었습니다. 그는 그것을 갖고 집으로 돌아왔습니다.

아들이 돌아오지 않는 동안, 아버지 유씨 노인은 법화경 한 질을 정성껏 베껴 써서 절에 보관하고 청정하게 생활하고 있었습니다. 돌아온 아들에게서 그간의 사연을 들은 노인은 아들과 함께 그 절로 가서, 법화경을 넣어 둔 궤를 열어 보았습니다. 그런데 거기에는 법화경 제6권이 없었습니다. 아들이 갖고 온 법화경을 맞추어 보니, 그것은 아버지가 베껴 썼던 바로 그 법화경이었습니다.

🪷 제13단: 물에 빠진 사람을 살린 법화경

당나라의 무덕 연중(618~626년)에 소장이라는 사람은 파주 지방의 자사로 임명되어, 가족을 데리고 부임길에 올랐습니다. 도중에 배를 타고 가릉강을 건너다가 폭풍을 만나 배가 전복되었는데, 60여 명이 몰살하고 오직 하녀 한 사람만 살아났습니다. 그런데 그녀가 살아남은 것은 법화경을 독송한 덕분이었던 것입니다.

그녀는 항상 법화경을 독송하고 있었습니다. 바람이 일어 배에 파도가 들어오자, 그녀는 법화경을 머리에 이고 "내가 죽게 되더라도 경전은 상하지 않게 하소서" 하고 기원했습니다. 배가 전복되었으나 그녀는 물속으로 가라앉지 않고 물결에 떠내려가다가 기슭에 닿았습니다. 그녀가 뭍에 올라 경전 상자를 열어 보았더니, 법화경은 조금도 젖지 않았습니다. 그녀는 나중에 양주로 시집가 살았는데, 법화경을 믿고 독송하는 것이 전보다 더 독실하였습니다.

🏵 제13단: 금으로 변한 법화경

당나라의 장만복은 성격이 거칠고 포악한 사람이었으나, 정관 연중(627~647년)에 낙주 지방의 자사가 되었습니다. 그는 낙주에 부임하여 덕행이 높은 스님을 수소문하였습니다. 그러자 사람들은 열심히 수행하면서 한 질의 법화경을 공양하는 묘지라는 여승이 유명하다고 알려 주었습니다. 자사는 사람을 보내 그 법화경을 보고자 하였으나, 스님은 그의 부덕함을 이유로 들어 법화경을 내주지 않았습니다. 자사가 크게 노하여 재차 요구하므로 스님은 할 수 없이 법화경을 내주었습니다.

그런데 자사가 법화경을 펴 보자, 그것은 한 자의 글씨도 없는 누런 종이일 뿐이었습니다. 크게 노한 자사의 명령으로 스님은 관아로 붙잡혀 가게 되었습니다. 스님이 두려워하며 관아의 정문으로 들어갈 때, 두 금강신이 금강저를 받들어 스님에게 바치는 형상으로 나타났습니다. 이에 스님은 적이 안심하게 되었습니다. 그리고 스님이 자사의 앞으로 나아가자, 법화경이 허공으로 떠오르면서 금색의 글씨들을 드러냈습니다. 이에 깜짝 놀란 자사는 대청 아래로 달려 내려가 스님에게 예배하고 참회하였습니다. 이렇게 사죄한 자사가 그 법화경을 조성한 내력을 물으니, 스님은 다음과 같이 알려 주었습니다.

"경을 만들 생각으로 산중에 닥나무를 심고, 늘 향수를 탄 물을 주어 잘 자라게 했습니다. 닥나무가 크게 자라자, 진흙에 향수를 섞어 종이 뜨는 집을 짓고, 닥나무 껍질을 벗겨서 향수로 정화하여 종이를 만들었습니다. 그리고 법화경을 베껴 쓸 사람으로는 법을 바르게 보호할 수 있는 서생을 특별히 선발했습니다. 진흙에 향수를 섞어 청정한 집을 새로 지어 사경실을 마련하고, 서생에게는 사경을 시작하기 전에 49일 동안 재계하게 하였습니다. 재계가 끝난 후, 서생은 새로 지은 깨끗한 옷을 입고서야 비로소 사경을 시작했습니다. 서생이 외출할 때는 돌아와서 목욕을 하고 옷을 갈아입은 다음에 다시 쓰게 했습니다. 또 사경하고 있을 때는 소승이 손에 향로를 들고 그 앞에 꿇어앉아 서생을 공양했습니다. 법화경은 이처럼 조금도 모자람이 없이 정성을 다하여 완성한 것입니다. 그리고 남녀의 스님과 속인이 입을 옷을 각각 10벌씩 만들어 두고, 경전을 빌리러 오는 사람이 있으면, 미리 이레 동안 목욕재계하게 하고 새 옷을 주어 입게 한 다음에야 경전을 내주었습니다."

　법화경에 대한 스님의 지극한 정성을 들은 자사 장만복은 마침내 신심을 내어, 법화경 1천 질을 조성하겠다고 발원하여 사방에 공양하였습니다. 그 자신도 정성을 다해 법화경을 신봉하였습니다.

🏵 제14단: 불길을 막은 관세음보살

법지 스님은 출가하기 전에 혼자서 들판을 걷다가 갑자기 사방에서 맹렬히 타 들어오는 불길에 싸인 적이 있었습니다. 이제는 꼼짝없이 죽었구나 하고 생각한 그는 얼굴을 땅에 대고 오로지 관세음보살을 일심으로 불렀습니다. 그러자 이상하게도 불이 그에게는 번져 오지 않았습니다. 고개를 들어 살펴보니, 그가 엎드려 있는 곳만 제외하고 온 들판의 풀이 모두 불에 타 재로 변해 있었습니다. 그는 이 일로 감동하여 출가하게 되었습니다.

이상의 영험담들 중에서 법화 신앙의 전형으로 들 수 있는 것은 단연 제13단에 있는 '금으로 변한 법화경' 이야기입니다. 여기에는 법화경을 숭경하는 지극한 정성이 여실히 드러나 있습니다. 이 정성은 가히 법화경 숭배로 불리기에 손색이 없습니다.

위에 예시한 것들은 모두 중국의 영험담이지만, 한국의 예는 이 책의 첫 장에서 법화 신앙의 두 갈래를 설명하면서 소개해 둔 것과 같습니다. 일본에서 성행한 영험담의 실태는 《본조법화험기(本朝法華驗記)》라는 책으로 가늠할 수 있습니다. 이것은 한국의 《법화영험전》보다 약 300년 전에 작성되었는데, 순전히 일본의 영험담들로 이루어진 점에서 《법화영험전》과는 다릅니다. 여기에는 129편의 이야기가 수록되어 있습니다만, 이 중 다음과 같은 것들은 어느 나라의 법화 신앙에서나 볼 수 있는 상투적인 주제입니다.

법화경에 의해 독사, 화재, 귀신, 살해, 기아를 면하는 이야기.

나찰녀, 천신, 새나 짐승이 경전을 잘 간직하는 신자를 수호하는 이야기.

법화경을 읽고 수행하여 극락이나 도솔천에 태어나는 이야기.

뱀의 몸을 받았으나 법화경의 공덕으로 극락에 태어나는 이야기.

모든 영험담이 법화경이나 관음보살과 연관되어 있는 것은 아닙니다. 화엄경과 문수보살, 아미타경과 아미타불, 지장경과 지장보살도 영험담의 원천입니다. 그럼에도 불구하고 유독 법화경과 관련된 영험담이 더 널리 성행하게 된 것은 더 말할 것도 없이 관세음보살보문품 때문입니다. 법화경의 핵심 법문에서 설명한 관세음보살의 구제 능력으로 그 이유를 충분히 이해할 수 있을 것입니다. 어쨌든 관음 신앙이 성행했다는 것은, 법화경이 그만큼 널리 유포되었을 뿐만 아니라 그 영향력도 컸다는 사실을 입증합니다.

법화경과 관음 신앙의 위세는 불교 예술의 분야에서도 잘 드러나 있었습니다. 인도에서는 한때 관음 신앙이 성행했다는 증거가 유명한 석굴사원들에 남아 있습니다. 관음보살의 구제 능력을 석벽에 묘사한 이 조각상들은 '관음 구제도'라는 이름으로 불립니다. 예를 들어 아잔타 사원의 제26굴에는 '관음 6난(難) 구제도', 아우랑가바드의 석굴에는 '관음 8난 구제도', 칸헤리의 석굴에는 '관음 10난 구제도'가 조각되어 있습니다. 이 같은 것이 중국의 돈황 석굴에는 벽화로 묘사되어 있습니다. 돈황의 막고굴(천불동)에서 많이 볼 수 있는 벽화의 주제는 관음보살의 7난 구제, 12난 구제, 관음보살의 33신(身)입니다. 이것들은 모두 관음보살을 현세에서 민중의 이익을 도모해 주는 보살로 신봉하고 있었다는 증거가 됩니다.

특히 돈황의 막고굴에는 법화경의 위세가 불교 미술로

는 가장 적나라하게 묘사되어 있습니다. 돈황은 옛적에 인도의 불교가 서역을 거쳐 중국으로 들어오는 관문이었습니다. 여기에는 법화경을 소재로 한 벽화들이 일일이 소개하기 어려울 정도로 많이 남아 있습니다. 그러므로 그 도상의 형식을 훑어보는 것만으로도 법화 신앙의 위상을 엿볼 수 있습니다. 여기에 묘사되어 있는 법화경 관련 벽화들은 다음과 같이 크게 세 부류로 구분됩니다.

첫째 부류는, 법화경의 각 품을 묘사한 여러 도상을 한데 모아 하나의 벽화로 엮은 것들입니다. 이 벽화들은 법화경의 28품을 모두 도시한 것이 아니라, 그림으로 표현하기 곤란한 부분들은 생략했습니다.

둘째 부류는, 법화경 중에서 어느 한 품만 묘사한 도상들입니다. 이 경우에 채택된 것은 견보탑품, 관세음보살보문품, 보현보살권발품입니다. 예를 들어 견보탑품을 묘사한 벽화에서 도상의 형식은 석가모니불과 다보불이 함께 앉아 있는 모습입니다. 관세음보살보문품을 묘사한 벽화들에서 도상의 구도는 두 가지입니다. 석가모니불을 중앙에 배치한 것과 관음보살을 중앙에 배치한 것이 있습니다.

셋째 부류는, 석가모니불이 영취산에서 설법하는 장면

을 묘사한 것들입니다. 영취산은 종종 영산이라는 준말로도 통용됩니다.

이것들 중에서 셋째 부류의 주제는 법화경의 상징처럼 인식되어 적용 범위가 크게 확장되었습니다. 법화경의 제1 서품에서는 부처님이 영취산에서 설법을 개시하기 직전의 장면을 최대한으로 장엄하게 묘사합니다. 이 장엄한 장면은 미술의 영역을 벗어나 불교의 의식, 음악, 무용 등에서도 반영되기에 이르렀습니다.

법화경을 가르치는 부처님의 설법을 듣기 위해 수많은 청중이 영취산에서 모인 것을 일컬어 '영산법회' 또는 '영산회'라고 합니다. 그런데 이 영산법회는 우리나라의 전통 사찰에서 매일 필수적으로 실행하는 조석예불에도 반영되어 있습니다. 조석예불을 시작할 때면 항상 의례적으로 송창하는 예불문에는 아래의 내용이 포함되어 있습니다. 실제 예불에서는 이것을 한문으로 송창합니다.

부처님께서 영산에서 설법할 당시, 부처님의 부촉을 받은 열 분의 위대한 제자와 열여섯 분의 성현과 홀로 성스럽게 수행한 오백 분의 성현으로부터 일천이백 분의 위대한 아라한에 이르기까지, 무량한 자비로 성스러운 모든 분들께 지극한 마음으로 목숨 바쳐 예배합니다.

이 구절은 법화경의 영산법회에 참석한 청중들 중에서 위대한 분들만 열거한 것입니다. 우리나라에서 영산법회의 장면은 이에 그치지 않고 급기야는 '영산재'로 불리는 특별한 의식을 창출했습니다. 영산재는 우리나라의 불교 의식 중에서도 가장 규모가 큰 행사에 속합니다. 법화경에서 영산법회에 참석한 모든 대중은 부처님의 법문을 듣고 큰 환희를 자아내는 법열에 싸이게 됩니다. 이러한 영취산의 분위기를 장엄한 의식으로 재현한 것이 영산재입니다.

영산재는 본래 죽은 사람의 넋이 극락에 왕생하기를 기원하는 천도재의 하나입니다. 그런데 여기에 법화 신앙이 반영되면서 그 규모가 크게 확장되었습니다. 영산재는 필수적으로 범패를 동반합니다. 불교 음악의 대명사인 범패는 음악뿐만 아니라 탱화와 무용도 동원한다는 점에서 일종의 종합예술에 가깝습니다.

범패에서 빠뜨릴 수 없는 것은 영산소리입니다. 법화경의 영산법회에서는 참석한 대중이 환희에 싸이는 것 외에도 천지가 진동하고, 하늘에서는 꽃이 쏟아지며, 신들은 온갖 기악으로 부처님을 공양합니다. 이와 같이 장엄한 상황을 묘사하려는 것이 영산소리입니다. 이 때문에 영산소리는 기악의 반주와 무용도 동원하게 됩니다. 그리고 이런 영산소리 때문에 범패는 가극의 성격을 띠게 됩니다.

우리나라에서 영산재가 천도재의 하나로 창출되었다는 것은 특기할 만한 사례입니다. 법화경에서 극락왕생은 일차적인 관심사가 아닙니다. 그럼에도 불구하고 영산재에서는 극락왕생을 법화 신앙과 접목시켰습니다. 법화경의 포용력으로 보면 이것은 전혀 이상한 일이 아닐 것입니다.

이상과 같이 법화 신앙은 미술, 음악, 무용과 같은 예술의 양식을 통해서도 민중에게 친숙해질 수 있었습니다. 물론 법화 신앙의 선도자 역할을 한 것은 관음 신앙입니다. 관음보살은 법화경을 통해서 널리 신봉되었고, 이에 따라 이른바 관음 신앙이 형성되었습니다. 그런데 굳이 '관음 신앙'이라는 말을 사용한 데는 다른 특별한 이유도 있습니다. 법화경에서 유래한 것이기는 하지만, 나중에는 관음보살로 불리는 여러 보살들이 신앙의 대상으로 등장했습니다. 다시 말하면 관음보살 앞에 다른 이름이 붙은 보살들이 등장한 것입니다. 이 경우에 관음보살은 성씨와 같습니다. 성은 관음보살로 똑같고 이름이 다른 보살들을 구제자로 숭배하기 때문에, 이것을 통틀어 관음 신앙이라고 부르는 것입니다.

많은 관음보살들 중 우리에게 가장 친숙한 이름은 십일면과 천수천안일 것입니다. 이 밖에 여의륜, 수월, 양류, 마두, 준제를 비롯하여 많은 관음보살이 있습니다. 관음보살이 이처럼 많이 등장한 것도 따지고 보면 법화경에 허용되어 있기 때문입니다. 관세음보살보문품의 법문에 의하면 관음보살은 비구, 비구니, 거사, 재상 등 33부류의 신체로 몸을 바꾸어 가며 중생을 구제할 수 있습니다. 그러니 관음보살은 다른 이름으로 출현하더라도 중생을 구제하는 능력에는 변화가 없습니다. 다른 이름으로 출현한 것은 온갖 중생을 구제하기 위한 방편일 뿐입니다.

관음보살의 여러 이름들은 법화경의 관음 신앙이 각지의 민간 신앙을 포용한 결과로 생긴 것들입니다. 관음 신앙이 각지에서 성행하게 되자, 그 지역에서는 이전까지 신성시하거나 숭배하고 있었던 대상도 관음보살로 간주되는 경우가 있었습니다. 이때 그 대상은 관음보살이기는 하되 다른 이름을 갖게 됩니다. 이렇게 하여 관음 신앙은 그 지역의 민간 신앙을 포용하여 불교로 전향시켜 갔던 것입니다.
그러므로 이 같은 관음 신앙을 양육한 법화경은 민중의 꽃
으로 불리기에 부족함이 없습니다.

정승석

동국대학교 인도철학과 졸업. 동국대학교 대학원 철학박사. 현재 동국대학교 불교대학 교수.《간추린 불교상식 100문 100답》《인도의 이원론과 불교》《윤회의 자아와 무아》《인간학 불교》등의 저서가 있고, 편저로는《불전해설 사전》《고려대장경 해제》가 있음.

왕초보, 법화경 박사 되다

초판 1쇄 발행 | 2009년 9월 25일
초판 3쇄 발행 | 2022년 11월 30일

글쓴이 | 정승석
펴낸이 | 윤재승
펴낸곳 | 민족사

주   간 | 사기순
기획편집팀 | 사기순, 김은지
기획홍보팀 | 윤효진
영업관리팀 | 김세정

등록 | 1980년 5월 9일(등록 제1-149호)
주소 | 서울 종로구 삼봉로 81 두산위브파빌리온 1131호
전화 | 02)732-2403~4
팩스 | 02)739-7565
홈페이지 | www.minjoksa.org
페이스북 | www.facebook.com/minjoksa
이메일 | minjoksabook@naver.com

ISBN 978-89-7009-427-4 03220